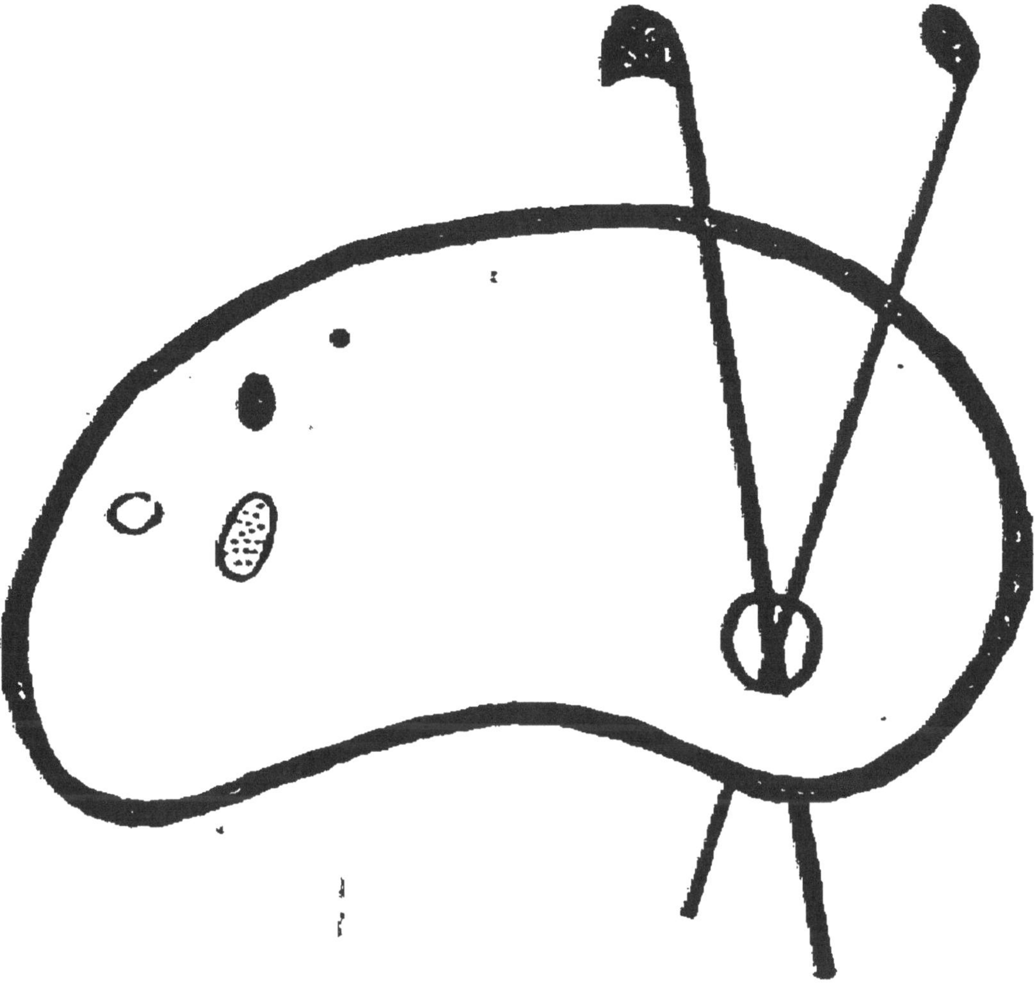

DEBUT D'UNE SERIE DE DOCUMENTS
EN COULEUR

GEORGES NARDIN

LES
HORIZONS BLEUS

LYRES ET ÉPINETTES
RÊVES ENVOLÉS
LES SANGLOTS DE L'AME

(1876-1880)

PARIS
G. CHARPENTIER, ÉDITEUR
13, RUE DE GRENELLE-SAINT-GERMAIN, 13
1880

BIBLIOTHÈQUE CHARPENTIER

13, RUE DE GRENELLE-SAINT-GERMAIN, 13, PARIS

à 3 fr. 50 le volume.

(EXTRAIT DU CATALOGUE)

POÈTES CONTEMPORAINS

ALFRED DE MUSSET

Premières Poésies..... 1 vol. | Poésies nouvelles...... 1 vol.
Œuvres posthumes............... 1 vol.

THÉOPHILE GAUTIER

Poésies complètes..... 1 vol. | Émaux et Camées..... 1 vol.

SAINTE-BEUVE
Poésies complètes..... 1 vol.

Mᵐᵉ DESBORDES-VALMORE
Poésies........ 1 vol.

PHILOTHÉE O'NEDDY
Poésies posthumes...... 1 vol.

ALPHONSE DAUDET
Les Amoureuses...... 1 vol.

ANDRÉ LEMOYNE
Les Charmeuses..... 1 vol.

HENRI CANTEL
Les Poèmes du Souvenir.. 1 vol.

ARMAND SILVESTRE
Poésies........ 1 vol.
La Chanson des heures... 1 vol.
Les Ailes d'or...... 1 vol.

JEAN AICARD
Poèmes de Provence... 1 vol.
Miette et Noré..... 1 vol.

LUCIEN PATÉ
Poésies........ 1 vol.

JULES BRETON
Jeanne........ 1 vol.

GUY DE MAUPASSANT
Des Vers....... 1 vol.

MISTRAL
Mirèio....... 1 vol.

Mˡˡᵉ LOUISE BERTIN
Nouvelles Glanes..... 1 vol.

GUSTAVE MATHIEU
Parfums, Chants, Couleurs. 1 vol.

THÉODORE DE BANVILLE
POÉSIES COMPLÈTES
Les Cariatides...... 1 vol.
Les Exilés....... 1 vol.
Odes funambulesques.... 1 vol.
Comédies........ 1 vol.

MAURICE BOUCHOR
Les Chansons joyeuses... 1 vol.
Les Poèmes de l'Amour et
de la Mer...... 1 vol.
Le Faust moderne..... 1 vol.
Contes parisiens en vers.. 1 vol.

EMMANUEL DES ESSARTS
Poèmes de la Révolution.. 1 vol.

MAURICE MONTÉGUT
Lady Tempest...... 1 vol.

CHARLES DE LOVENJOUL
Le Rocher de Sysiphe... 1 vol.

RAOUL LAFAGETTE
Les Aurores...... 1 vol.

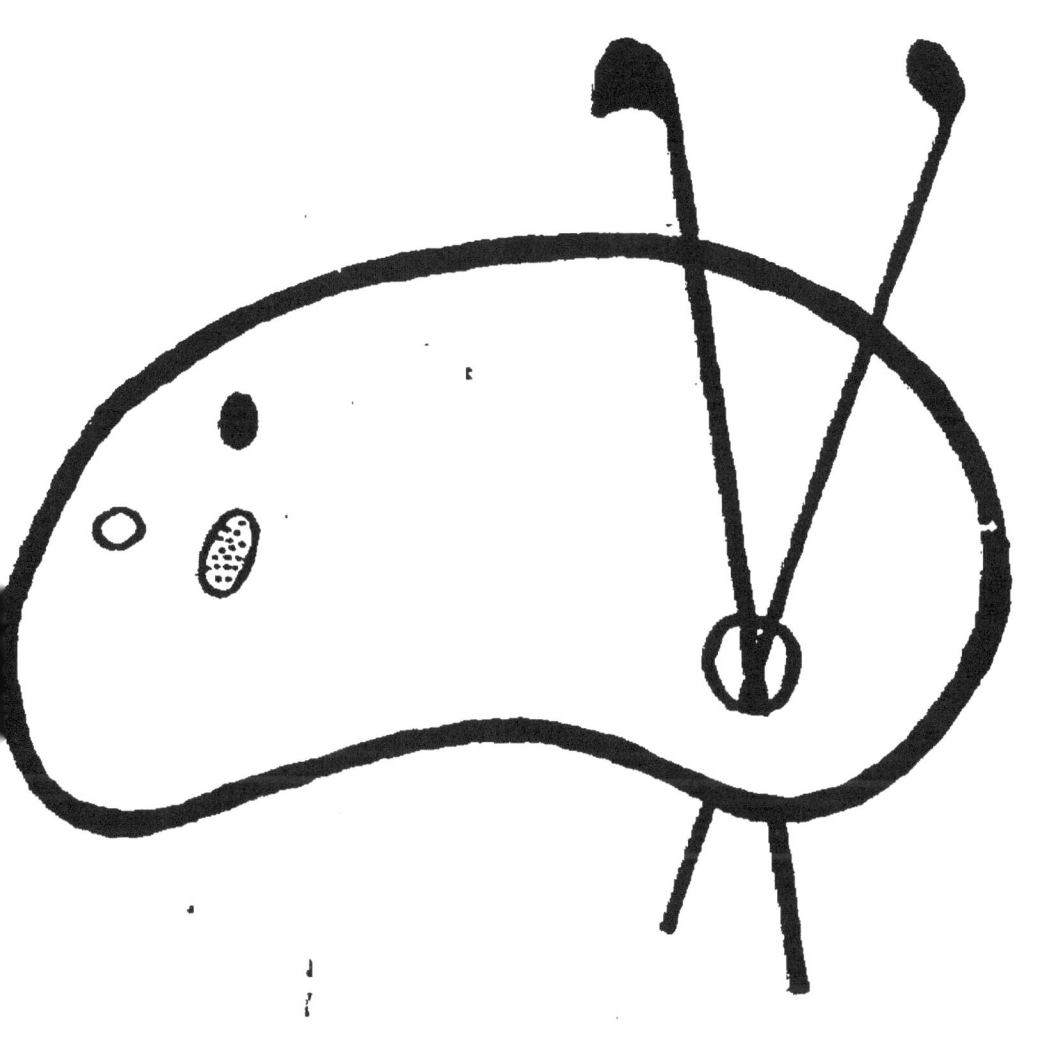

FIN D'UNE SERIE DE DOCUMENTS EN COULEUR

LES

HORIZONS BLEUS

Paris. — Imp. E. CAPIOMONT et V. RENAULT, rue des Poitevins, 6.

GEORGES NARDIN

LES
HORIZONS BLEUS

LYRES ET ÉPINETTES

RÊVES ENVOLÉS

LES SANGLOTS DE L'AME

(1876-1880)

PARIS
G. CHARPENTIER, ÉDITEUR
13, RUE DE GRENELLE-SAINT-GERMAIN, 13

1880

Tous droits réservés

AU GRAND PRÊTRE

QUI M'A INITIÉ AUX SAINTS MYSTÈRES DE LA POÉSIE

A

THÉODORE DE BANVILLE

MON MAITRE

G._N.

PRÉMICES A LA MUSE

Des parfums printaniers s'échappaient des corolles.
J'errais au bord des prés fleuris, bons à faucher.
Le ciel était bleu ; l'eau chantait dans les rigoles.

J'allais songeur ; mon pas faisait s'effaroucher
D'une cépée ou bien d'un buisson quelque oiselle :
Au fond du val pointait le dôme du clocher.

Tout près de la rivière, alors, la demoiselle
Chatoyante rasait, au pied des vergnes verts,
Les fleurs d'or et d'argent que le Printemps cisèle.

Le soleil neuf brillait, joyeux, sur l'Univers.
J'allais, regardé par l'œil si bon des génisses,
Et j'écoutais en moi la cadence des vers.

Or la nature offrait ses plus belles prémices :
Les fraises, chair exquise, embaumaient sous le bois;
Les cerises luisaient parmi les feuilles lisses.

Le rouge-gorge avait une plus jeune voix;
La brise, souffle frais, semblait une caresse;
Les boutons des rosiers s'ouvraient tous à la fois.

On sentait dans l'air pur une molle paresse...
Quand tout à coup je vis, au tournant du chemin,
O prodige! vers moi marcher une Déesse.

C'était la Muse; au front plus beau qu'un front humain,
Aux yeux intelligents et doux : sa chevelure
Me frôla; je frémis au toucher de sa main.

Longtemps elle parla : sa voix était si pure,
Qu'un bouvreuil, attentif, prenait une leçon,
Et que la source claire arrêta son murmure.

En extase et ravi d'une ardente façon,
Pâle, je l'écoutais : elle eut un beau sourire ;
Sa bouche m'effleura ; je sentis un frisson...

Et j'avais dans les bras ce cher fardeau : — la Lyre !

Aujourd'hui je nous crois en un jour tout pareil,
Presque au même endroit, Muse au péplos admirable,
Aux lèvres de laurier-cerise, au bel orteil !

Seule, adossée au tronc vigoureux d'un érable,
Tes pieds nus sur la mousse, au bruit d'un ruisselet,
Tu chantes, distillant un charme impénétrable.

PRÉMICES A LA MUSE.

Ta main court sur la lyre ainsi qu'un oiselet,
Et ton ode jaillit comme une onde sonore :
La pensée en est belle, et ta parole plait.

Et pour te les offrir, ô nymphe que j'adore!
L'aubépine-sonnet avec ses fins rameaux,
La rose-madrigal et le lys-métaphore,

Aux calices en pleurs et comme des émaux,
Mûre, framboise-églogue, airelle-épithalame,
Rimes de deux boutons d'églantine jumeaux, —

J'ai tout cueilli, charmé par ton regard de flamme!
Ah! pour toi puissent-ils être de quelque prix,
Ces premiers fruits du cœur, ces prémices de l'âme!

Pour les aller chercher, de ton beau culte épris,
O Muse! j'ai fouillé les ronces épineuses,
Et gravi des rochers où l'aigle m'a surpris.

Et parfois j'ai roulé sur des pentes affreuses!
— *Prends ces fleurs et ces fruits pourtant, je te les dois.*
Fleure la rose, ou mords dans les chairs savoureuses :

Tu ne vois pas le sang qui me rougit les doigts!

Juillet 1879.

LES HORIZONS BLEUS

LES HORIZONS BLEUS

C'est par delà les monts, les lacs, les vertes plaines
Où le frais du matin fait frissonner les blés,
Plus loin que les grands bois, de nul écho troublés,
Plus loin que les cités, de rumeurs toutes pleines ;

C'est après les coteaux où croit le fruit vermeil,
Les villages nombreux, les fermes isolées,
Le cours des fleuves d'or, les riantes vallées,
Dans l'éblouissement des routes au soleil ;

LES HORIZONS BLEUS.

C'est par delà le vague et par delà l'immense,
Plus loin que les glaciers, pères des lourds torrents,
Après les pics neigeux et les pins murmurants,
C'est à ce bord sans fin qui toujours recommence ;

C'est aussi, du côté des larges océans,
Vers les clochers anciens et les hauts promontoires,
Les vieux bourgs de granit, les ports, les roches noires,
Et l'écume crachée, et les gouffres béants ;

C'est passé les récifs et la fuite des voiles,
Le vol des grands oiseaux dans la houle des mers,
Les îlots verdoyants, la marche des steamers,
Les golfes pleins de ciel et les flots pleins d'étoiles !

C'est vers le bleu tentant des lointains horizons
Où vont mes yeux songeurs et toutes mes pensées,
Là que j'aime à guider mes courses insensées,
Libre enfin ! échappé des villes — des prisons !

Horizons ! horizons ! Beaux horizons de France !
Horizons étrangers, moins chers à notre cœur,
Vous êtes le symbole, effrayant et moqueur,
De nos illusions et de notre espérance !

Mirage décevant ! Vous attirez nos pas
Vers votre azur menteur et rempli de promesses ;
Vous usez nos espoirs, nos forces, nos jeunesses,
Et près de vous tenir, — nous ne vous avons pas !

Dès l'aube nous partons, au chant de l'alouette,
Dans l'herbe et la rosée, intrépides marcheurs,
Qui sommes, malgré tout, les croyants, les chercheurs :
Peintre ou musicien, penseur grave ou poëte.

Nous meurtrissons nos pieds aux cailloux du chemin ; —
Nous meurtrissons nos cœurs aux cruautés des belles ;
Nous sommes les souffrants, les maudits, les rebelles,
Les émissaires boucs du vaste genre humain !

Après la côte abrupte, il faut gravir la cime !
Déchirés par les rocs, atteindre aux fiers sommets !
Chanter, marcher, bien las, sans s'arrêter jamais,
Tels que l'Homère grec, ce Juif errant sublime !

Horizons mensongers ! Ah ! vous êtes encor
L'image de l'amour et celle de la vie :
Vous semblez nous sourire : on va, l'âme ravie ;
Bientôt vous vous montrez, — trompeurs comme un décor !

Que vous nous réservez de tristesses amères
Et de déceptions, hélas ! et rien ne rend
Plus injuste et mauvais et plus indifférent
Que cet envolement de nos belles chimères.

Mais vous êtes aussi l'inconnu, l'idéal !
L'espace, l'infini ! le voile bleu, la porte
Des paradis vermeils, le but qui nous transporte,
Les songes éthérés, le séjour triomphal !

C'est pourquoi nous allons, sans repos et sans trêve,
Respirant les parfums, cherchant les vains amours,
Cueillant les fleurs, chantant, — et poursuivant toujours,
Toujours ! les horizons fuyants, couleur du rêve.

Mars 1880.

LES SIRÈNES

A JEAN-PAUL AUBÉ

La grande mer est calme, et le soleil couchant
S'y reflète, vermeil à l'horizon en flammes ;
Les mouettes au vol circulaire et tranchant,
Parfois rasent le flot de l'aile ; — mais ce chant
Suave, écoutez-le ! ces belles voix de femmes !

Écoutez ! Regardez ! Leurs cheveux ruisselants
Traînant sur l'onde bleue, élégantes, sereines,
Et tenant une lyre entre leurs bras si blancs,

LES SIRÈNES.

Dans un léger remous qui leur baise les flancs,
Les seins droits, passent les séduisantes Sirènes.

Elles vont lentement, graves, coupant les flots
De leur ventre couvert d'écailles, et leur queue
Frappe la vague; un chant de leur poitrine éclos,
Aux soupirs des vaincus mêle ses longs sanglots :
Après elles ceux-ci nagent dans la mer bleue.

C'est le troupeau livide et plaintif des Charmés,
Que l'extase du chant livre à ces charmeresses :
Ils vont enamourés, ravis, inanimés,
Balancés par la houle à leurs accords rhythmés,
Leurs bras lassés tendus vers ces froides maîtresses.

Les voilà déjà loin... Ils vont dans le flot noir ;
Et l'on n'entend toujours que la lyre qui pleure ;
Que les charmantes voix qui chantent dans le soir :
Que ces fous jeunes gens, pâles de désespoir,
Qui soupirent sans fin et que la brise effleure...

— Maintenant la mer gronde, et le soleil couchant
Ne s'y reflète plus ; dans le sillon des lames
Les mouettes au vol circulaire et tranchant
Mouillent leur aile avec de grands cris ; — et le chant
Meurt, suave... Écoutez encor ces voix de femmes !...

Presqu'île de Quiberon, août 1876.

PORTRAIT

A ANTONY VALABRÈGUE

Ses yeux sont d'un bleu de turquoise,
Ses cheveux fauves comme l'or ;
Sa bouche, plus vermeille encor
Et plus fraîche qu'une framboise.

Ses pieds ? de vrais pieds de Chinoise :
Il faut leur voir prendre l'essor !
Sa gorge nue (ô blanc trésor !)
Aux lys a l'air de chercher noise.

Séduit par son rire charmant,
Sa grâce, et le scintillement
De son regard, chacun l'adore ;

Elle est suave comme un chant,
Gaie et rose comme l'aurore,
Changeante comme le couchant.

Février 1877.

L'ENFANT MORT

L'enfant est mort ce matin. Comme
Les convulsions l'ont changé !
Son visage rose, allongé,
Prend le teint d'une verte pomme.

Un chapelet bénit à Rome,
Sur sa poitrine est arrangé ;
Ayant clos son bel œil frangé,
C'est à croire qu'il fait un somme.

— « Un ange ! » font les assistants.
Or la mère, de temps en temps,
Sous sa tête aux fins cheveux d'ambre,

Remet en place l'oreiller ; —
Et l'on parle bas dans la chambre,
Comme de peur de l'éveiller.

Juillet 1877.

LES POËTES

A VICTOR HUGO.

Les poëtes s'en vont en rêvant par les rues.
Les rimes, en chantant, sous leur front accourues,
Dansent la sarabande au fond de leur cerveau,
S'obscurcissent parfois, puis brillent de nouveau,
De ce jour éclatant qu'a la grande Pensée.
Ils tiennent, frémissants, leur Chimère embrassée;
Et la vision gaie ou le rêve chagrin
Chante, comme un oiseau réjoui, son refrain,
Et comme le doux bruit des baisers sur les bouches, —
Ou pleure tristement : ainsi les voix farouches

Du vent dans la forêt, des flots bouleversés
Et du champ de bataille où râlent les blessés,
Que le souffle glacé de la Mort éteint presque.
Ils songent. Leur pensée à l'aile gigantesque,
S'élevant en plein ciel d'un vol rapide et sûr,
Se perd dans des splendeurs d'astres, ivre d'azur :
Tel un aigle joyeux qui vient de quitter l'aire ;
Un sublime rayon tout le temps les éclaire,
Et l'on devine en eux quelque chose de grand :
Car tandis qu'ils s'en vont sur les pavés errant,
Coulant l'or de l'Idée en des formes parfaites,
En dépit du vulgaire ignorant, les poëtes
Ne lui ressemblent pas ; d'une autre race, ils ont,
Comme le bœuf Apis, le signe auguste au front !

Février 1877.

LE VOYAGE

A MON FRÈRE ÉMILE NARDIN

Frère, sitôt que le printemps
Remplira de parfums flottants
L'air vif là-bas sur les montagnes,
Que les vaches aux regards bons,
De l'herbe jusqu'à leurs fanons,
Paîtront dans les vertes campagnes !

Sitôt que la fraise des bois
Saignera sous les jolis doigts

De nos gentilles Franc-Comtoises,
Aux nattes brunes, au cou blanc,
Dont le rire vibre si franc,
Dont les bouches sont des framboises !

Sitôt que joyeuses chansons
Sortiront des épais buissons
Couverts d'épines et de mûres,
Qu'on verra fleuris les rosiers,
Que les branches des cerisiers
Ploieront sous les cerises mûres :

Sitôt que juin sera venu,
Vers notre pays peu connu,
Où bruissent les sources pures,
Frère, nous nous envolerons ;
La brise fouettera nos fronts,
Emmêlera nos chevelures :

Nous entrerons dans la forêt
A l'heure où, calme, elle paraît

Dormir parmi ses jeunes pousses :
Nous écouterons en passant,
Émus, le silence glissant
Sur le moelleux tapis des mousses !

Nous reverrons le grand étang, —
L'ombre du bord s'y reflétant,
Ses nénufars à feuille ronde
Dormant sur les eaux, ses iris,
Ses roseaux droits comme des lys, —
Assoupi dans la clarté blonde.

Nous grimperons sur des rochers
D'où l'on découvre maints clochers,
Dans la vallée, au loin superbe,
Où le vent, secouant des pleurs,
Souffle sur les yeux bleus des fleurs
Et dans les verts cheveux de l'herbe;

Où, quand il passe, bruissant
Rien qu'à son toucher caressant,

Avec les autres graminées,
Les seigles lourds et verdoyants
S'inclinent en flots ondoyants,
Comme des foules prosternées.

Nous jouirons du beau ciel bleu,
Des baisers du soleil de feu,
Tu t'enivreras de peinture :
Moi de poésie et de vers,
Tous les deux de feuillages verts,
D'immensités et de nature.

Et tout en cheminant, songeurs,
Nous serons deux fois voyageurs :
Car nous monterons la Chimère...
Nos souliers poudreux du chemin,
Joyeux, le bâton à la main,
Comme au temps regretté d'Homère.

Et nous passerons tous les gués !
Si nous sommes trop fatigués,

Nous nous étendrons sous un hêtre,
Pour ciel de lit le firmament,
Et le bon sommeil doucement
Nous apportera son bien-être.

Si nous avons soif, les ruisseaux
Où viennent boire les oiseaux,
L'étroite rivière où l'on pêche
Tant d'écrevisses — quand la nuit
Descend dans le vallon sans bruit —
Nous fourniront une eau bien fraîche;

Nous mangerons dans les halliers
Les fruits aigres des pruneliers,
Les mûres douces et vermeilles ;
Aux vieux cerisiers du chemin
Nous cueillerons à pleine main
Les savoureux pendants d'oreilles !

Oh ! s'emplir les poumons d'air pur !
De loin, voir les « ballons » d'azur !

Oh! libres, marcher d'un pas ferme,
Errants, et lorsque vient le soir,
Sûrs de l'accueil, entrer s'asseoir,
Si l'on rencontre quelque ferme !

Être bien las, avoir grand'faim,
S'entre-regarder d'un air fin
Quand l'hôtesse, accourant sur l'heure,
(Telle, qu'on en rêve depuis!)
Apporte les cuillers de buis,
Le pain noir et le lait de beurre !...

Oui, nous irons, avant l'été,
En ce beau pays enchanté
Dont nous avons l'âme encor pleine.
— Tiens, rien que d'en parler, je crois
Respirer la senteur des bois,
Des étables et de la plaine !

Je vois d'ici les prés fleuris
Ensoleillés, j'entends des cris

Dans le frais taillis qui verdoie
— Des cris d'oiseaux en liberté ! —
Et dans mon être transporté
S'ouvrent les ailes de la joie !

Février 1878.

MAI

Ouvrons nos cœurs souffrants au beau soleil de mai !
Le printemps radieux brille comme une aurore ;
Les petits, dans leurs nids bien chauds, viennent d'éclore :
Ne laissons pas s'enfuir mai sans avoir aimé.

Venez, ma jeune amie, aux robes des collines
Ravir leurs floraisons, et poser vos pieds las
Sur la mousse moelleuse, — aux parfums des lilas
Et des neigeuses fleurs des vertes aubépines.

Nous suivrons, tout le long des flexibles osiers,
La rivière peu large et par endroits ombreuse,
Si bien qu'en vous voyant, ma gentille amoureuse,
Les églantiers du bord seront extasiés.

Après nous entrerons, couple joyeux et libre,
Dans la profondeur verte et la senteur du bois,
Où soupire comme un chuchotement de voix,
A l'heure assoupissante où le silence y vibre.

Vous laisserez flotter vos cheveux, à dessein,
Vos lourds cheveux châtains parfumés à la brise ;
Vous sourirez avec vos lèvres de cerise,
Et de muguet lacté fleurirez votre sein.

Je verrai scintiller dans vos yeux clairs des flammes !
Vous m'abandonnerez parfois (ô cher fardeau !)
Votre tête charmante... Et cet amour nouveau
De tendresse infinie emplira nos deux âmes..

Nous reviendrons, le soir, au chant du rossignol,
Soutenu par le chœur nocturne des grenouilles,
Non loin des noirs étangs où, comme des quenouilles,
Les roseaux endormis, dans l'eau, montent du sol.

La lune se montrant, vous serez enchantée,
Avec moi, de marcher sous les pins éclairés,
Quand — éblouissement soudain ! — vous passerez
Dans l'oblique rayon de poussière argentée...

Et nous conserverons à jamais dans le cœur,
Pour nous brûler encor d'ivresses amoureuses,
Un grisant souvenir des belles nuits heureuses, —
Comme dans un flacon une rare liqueur.

Mai 1878.

LA MER

Rondel

La grande Mer au bruit sonore
Me ravit comme une maîtresse;
Son âcre parfum me caresse
Et me pén... e chaque pore.

Comme un amoureux, dès l'aurore,
Je la contemple avec ivresse!
La grande Mer au bruit sonore
Me ravit comme une maîtresse.

Le soleil s'y reflète encore :
Pourtant, ma belle enchanteresse
Écume, bondit et se dresse !
Plus elle gronde, et plus j'adore
La grande Mer au bruit sonore !

Presqu'ile de Quiberon, août 1856.

ASPIRATION

Sentir qu'il ferait bon rêver sous les grands chênes,
A l'heure où le Matin embrase la forêt,
Tandis que sur les monts le soleil apparaît,
Illuminant aussi les campagnes prochaines;

Savoir que dans les bois soufflent les brises saines,
Que le ruisselet clair chuchote un air discret,
Auquel répond la voix du gai chardonneret,
Et quand les champs sont pleins de fleurs,— porter des chaînes !

Citadins, ce n'est pas pour nous que le printemps
Fait murmurer d'amour ses feuillages flottants
Et répand dans les cœurs meurtris l'immense joie

Des arbres reverdis, du nuage vermeil,
Qui dans l'argent bruni des lacs ombreux flamboie...
Oh ! le feuillage vert, les chansons, le soleil !

Mai 1877.

LE RÉVEIL

Derrière les monts azurés
Le soleil d'or poli se lève,
Caressant les herbes des prés
Et plus étincelant qu'un glaive.

Comme il flamboie au ciel changeant,
Dans son aveuglante lumière, —
Telle une couleuvre d'argent,
Au loin serpente la rivière.

Le bois ombreux est plein de chants ;
L'air frais bruit dans les charmilles ;
Les blés jaunissent dans les champs ;
Et les fleurs, ces coquettes filles,

Se parant comme pour un bal,
Pour être plus belles encore,
Mettent les perles de cristal
Que le Matin a fait éclore.

L'insecte, autour des boutons d'or,
Bourdonne des notes divines,
Cependant qu'au fond du décor,
Aux douces pentes des collines,

A la suite des bœufs pesants,
Retournant l'herbe déjà drue,
On voit les rudes paysans
Le dos courbé sur la charrue.

LE RÉVEIL.

Au chant retentissant du coq,
Dans la clarté qui l'ensoleille,
Là-haut, assise sur un roc,
Joyeuse, la ferme s'éveille.

Le vieux château seul paraît mort.
Tout à coup ses vitres ogives,
Froides et ternes tout d'abord,
Jettent les flammes les plus vives.

Et c'est l'heure où — détail exquis —
La jeune et belle châtelaine,
La fille unique du marquis,
Suave et blonde comme Hélène.

Ses yeux pensifs pleins de sommeil
Encore égarés dans le rêve,
Atteinte d'un rayon vermeil,
Sur son oreiller se soulève ;

Puis laissant voir, comme à dessein,
Sous sa chemisette mal close,
La fraise de son jeune sein,
Sort du drap son joli pied rose.

Juillet 1877.

LUCETTE

A ÉDOUARD SYLVIN

Vous n'avez jamais vu de plus belles dents blanches,
Ni miré vos regards dans de plus beaux yeux noirs,
Vous n'avez point rêvé si plaisants nonchaloirs,
Ni plus jolis bras ronds mi-voilés sous les manches.

Le col très large ouvert — ô lueurs d'avalanches! —
Montre une chair de lait qui fait nos désespoirs;
— Est-il pour les baisers ailés plus doux perchoirs
Que ses lèvres, d'où part un rire aux notes franches?

Lucette est une enfant de la Franche-Comté :
Folâtre et peu farouche, elle a l'air indompté
D'une biche des bois, l'allure gracieuse,

Et, pour ensorceler les plus froids jeunes gens,
La flamme de ses yeux jaseurs, intelligents,
Et l'adorable accent de sa bouche rieuse.

Août 1878.

A UN AIGLE

Grand aigle qui volais dans les hautes vallées
Des monts savoisiens, toi dont les envolées
Superbes franchissaient les glaciers aux flancs bleus,
Entr'ouverts et grondants, et les rocs anguleux
Sinistrement penchés sur l'horreur des abîmes, —
Trous béants ; voyageur accoutumé des cimes
Inaccessibles, toi, qui dans tes fiers élans,
Rapide, contournais les pics étincelants
De neiges, — vêtement aux blancheurs virginales ; —
Roi de l'air, calme encore au milieu des rafales,
Qui, palpitant de joie et d'un vol prompt et sûr,
D'un bond soudain plongeais dans les gouffres d'azur

De l'Océan céleste ; ô toi dont les prunelles
Fixent le soleil d'or miroitant sur tes ailes,
Vaste oiseau dont le cri vivant remplit d'effroi,
Aigle des Alpes, va, souvent je pense à toi !
J'y pense, quand mon vers alourdi, l'aile basse,
Se traîne vers le sol, oublieux de l'espace,
Au lieu de s'envoler, sublime en son essor,
Dans les grands cieux profonds, pourprés et rayés d'or !
— Oh ! comme toi, géant qui tout jeune, en ton aire,
T'endormais à la voix farouche du tonnerre
Sur ton sommet piquant sa flèche de granit,
Quand pourrai-je, voguant toujours vers le zénith,
Loin de la terre énorme alors diminuée,
Emporter dans mon vol des lambeaux de nuée !...

Février 1879.

SONNET PRINTANIER

De ses rayons d'or étalés,
Après tant de brume et de pluie,
Le soleil bienfaisant essuie
Les verts gazons, tout emper's.

Les cieux, enfin, sont dévoilés.
Sans aimer, nul qui ne s'ennuie.
— Fillette, il ne faut pas qu'on fuie
Les cœurs que vos yeux ont troublés.

Donc, plus de froid ni de bruine.
S'il neige, c'est de l'aubépine.
Voici venir le vrai printemps;

Et, tout près des buissons chantants,
Voici fleurir les amourettes,
Dans l'herbe, avec les pâquerettes.

Mai 1859.

A ANDRÉ LEMOYNE

O poëte, je t'aime : épris de l'art divin,
Tu nous dis les flots bleus où chantent les sirènes ;
Ta rêverie habite aux régions sereines,
Et le bruit du dehors, pour toi, résonne en vain.

En ton âme charmée écoutant les murmures
Du feuillage profond où la brise a passé,
Tu vas d'un pas égal, calme, jamais lassé,
Vendangeant les beaux vers comme des grappes mûres.

Amant de la couleur et des sonorités,
Nul ne peint mieux que toi de sobres paysages,
Des fruits de pourpre, ou bien de gracieux visages,
Dans les mètres divers et les rhythmes sculptés.

Tes rêves sont fleuris ainsi que des arcades
De glaçons où l'aurore a mis son flamboiement,
Et ton vers frais et pur retombe lentement,
Comme une eau mesurée, en limpides cascades.

La rose du buisson dialogue avec toi.
A la Nature offrant l'encens de ton cantique,
Grand prêtre de la Muse, alors qu'on est sceptique,
Tu gardes dans ton cœur l'inébranlable foi !

Soit que tu fasses voir fuyant les agonies
Lentes, le cerf traqué par les grands chiens hurleurs,
Ou, tels, par la misère et les sombres douleurs,
Rembrandt et Beethoven, ces deux vaillants génies !

A ANDRÉ LEMOYNE.

Pareil en ta candeur, artiste sérieux,
A ces premiers chrétiens que le lion déchire,
Tu souffres avec joie un infini martyre,
Simplement pour l'amour du laurier glorieux.

Comme un peintre un tableau, comme un sculpteur un buste,
Tes poëmes sont faits avec un soin touchant ;
J'aime la pureté correcte de ton chant,
Ta touche magistrale, et ton talent robuste !

Aussi ton nom vivra dans les temps à venir,
O maître ; car pour ceux que l'Idéal tourmente,
Moins ils sont près de nous, plus leur gloire s'augmente.
Ainsi fait le soleil quand le jour va finir.

28 juillet 1879.

A ELLE

Voici que la colline a mis sa robe verte,
Et voici que les prés ont leur manteau fleuri ;
La guêpe d'or bourdonne, et la fraise a mûri
Au bois, où notre allée est de nouveau couverte.

On a vite oublié la froidure soufferte :
Puisque le ciel est bleu, nul cœur endolori.
La rivière, en dormant, suit son cours favori ;
L'églantine, au buisson, tient son ombrelle ouverte.

Et comme on a pu voir, après un long sommeil,
S'éveiller la nature, et grâce au clair soleil,
Surgir de toutes parts les floraisons nouvelles ;

Il a suffi de même, ô vierge, en un beau jour,
Du sourire charmant de tes chaudes prunelles,
Pour faire éclore en moi tout un printemps d'amour !

1850.

LES MONTAGNES

A HENRY DE BEAULIEU

Je suis las de marcher sur le pavé des villes,
Et las de respirer les malsaines odeurs :
Laissez-moi m'en aller loin, dans les profondeurs
Ombreuses des forêts ; vous fuir, hommes serviles !

Car je ne puis rester parmi vous, ô captifs,
Dans vos murs étouffants, dans le bruit de vos rues ;
J'ai le morne regret des races disparues,
Je m'en vais méditer sous les vieux pins plaintifs !

LES MONTAGNES.

J'ai ce besoin, d'errer sur les hautes montagnes,
D'y boire aux sources d'eau fraîche que je connais,
D'y regarder le ciel, couché dans les genêts,
Et d'admirer de haut les superbes campagnes !

Trop longtemps je vécus esclave ! la cité
M'a rendu le corps lâche et l'âme féminine :
Que l'air vif des sommets soulève ma poitrine, —
Comme ton souffle pur et fort, ô Liberté !

Avril 1880.

SAGESSE AU PRINTEMPS

A PAUL ARÈNE

Les lilas et les giroflées
Épandent leurs parfums dans l'air,
Le jardin rit, le ciel est clair,
Les abeilles sont envolées.

L'air chaud nous invite aux douceurs
Des caresses voluptueuses,
Et comme les sèves pleureuses,
L'amour découle de nos cœurs.

SAGESSE AU PRINTEMPS.

Ah ! posséder une maitresse,
Être amoureux, avoir vingt ans,
S'enthousiasmer au printemps,
Et le chanter : voilà l'ivresse !

Le feuillage rend un doux bruit,
On entend les sources lointaines...
Buvons l'eau claire des fontaines,
Chauffons-nous au soleil qui luit !

Allons-nous-en vers les saulées,
Et baisons notre mie encor :
Aimons, la vie est un trésor,
Les belles heures sont ailées !

Avril 1850.

CASTUS FLOS

Sous les cieux déployés, dans l'air pur qui sommeille,
Mûris par les baisers du soleil âpre et dur,
Les fruits, arrondissant leur peau glabre et vermeille,
Couvrent leur nudité d'une robe d'azur.

Et rien n'est frêle à voir, tissu de vapeur fine,
Comme ce voile bleu, délicat, velouté,
Délicieusement fleuri : chaste bruine
Que revêtent les fruits à leur maturité.

On dirait la moiteur du pied de l'Aube agile
Posé sur vous, raisins noirs, airelles des bois ;
Rien n'est plus virginal et rien n'est plus fragile :
De l'air ! N'y touchez pas : cela fond sous les doigts.

— Orgueil de nos jardins, ô prunes savoureuses,
Brugnons dont l'incarnat fleurit les espaliers,
Dites, quand nous passions avec nos amoureuses,
Vous ont-elles frôlés plus que vous ne vouliez ?

Leurs bouches de velours, plus belles que la pêche,
Ont-elles, effleurant votre joli contour,
Respiré sur vous, fruits, leur haleine si fraiche,
En soupirant tout bas pour nous des mots d'amour ?

— Vierges, vous ressemblez à ces fruits : sous les voiles
De vos longs cils soyeux baissés pudiquement,
Vous nous cachez l'éclat de vos yeux, pleins d'étoiles
Comme par un beau soir d'été le firmament :

La poussière du fruit, subtile efflorescence
Qu'on n'ose point flétrir en y portant la main,
O candides, pour vous c'est la fleur d'Innocence,
Qui vous pare aujourd'hui, que vous perdrez demain...

Or prenez garde, enfants, douces adolescentes,
Beaux fruits qui mûrissez chastement sous le ciel :
Cette fleur-là se fane aux lèvres caressantes,
Et se meurt au toucher de l'amour sensuel.

1878.

A JEAN AICARD

Cher ami, par ce temps de scepticisme amer,
De laid naturalisme et de chemins de fer,
J'admire ta vaillance incroyable, ô rhapsode !
En effet tu t'en vas errant, suivant la mode
Des aèdes anciens et de nos troubadours,
Et tu dis, de ta voix chaude et belle toujours,
Ta Provence chérie, aimable, ensoleillée,
Et tu la chantes bien, d'une âme émerveillée !
Tu nous dis ses riants vignobles étagés
Par gradins au soleil, ses bosquets d'orangers,
Ses myrtes et ses verts lauriers-roses, son Rhône
Impétueux, « cheval à la crinière jaune, »

Son mistral promenant ses fureurs de taureau,
Sa Camargue mortelle et sa pierreuse Crau,
Ses palmiers, ses genêts, la cueillette animée
Des olives, d'où l'huile ambrée est exprimée,
Les durs travaux des champs, ses diverses saisons,
Ses vendanges avec leurs amours, ses moissons
Bavardes et — frinc, frinc ! — l'or tombé des faucilles ;
Tu nous vantes ses fils hardis, ses belles filles,
Ses golfes, ses roseaux : puis, nommant leurs beautés,
Tu racontes au long la gloire des cités :
C'est Arles, c'est Toulon — où tu naquis — Marseille
— La reine, — Aix, Avignon chantante et qui s'éveille;
Enfin tu dis ses bois, sa mer bleue et son ciel ;
Et tes vers, dans la bouche, ont comme un goût de miel.

Souvent je les relis, aux jours de lassitude.
Où j'erre, en y songeant, dans quelque solitude ;
Et me voyant passer, plein de ton beau pays,
Ton livre sous le bras, dans le profond taillis
Tout frôlé par le vol des ailes et des brises,
Le doux rossignol dit : « Soignons mes vocalises ! »

A JEAN AICARD.

Et le loriot fait : « Eh ! jouons avec art,
Pour plaire au fin gourmet du chanteur Jean Aicard! »
Or les petits oiseaux connaisseurs pensent juste :
Oui, ta poésie est comme un vin qu'on déguste,
Enivrant et pourpré, souriant...

      C'est pourquoi,
Lorsque l'aube dernière aura brillé pour toi,
Quand tu t'endormiras dans la terre natale,
Ayant fini ta tâche, à cette heure fatale
Où tu reposeras sous tes pins odorants,
Bercé par leur musique et les flots murmurants,
Alors, oh ! bien des fois, poëte, à la nuit close,
Tu prêteras l'oreille, écoutant quelque chose
Comme un baiser furtif longuement susurré :
Car les couples, rêvant de Miette et Noré,
Choisiront pour s'aimer le pieux voisinage
De ta tombe, depuis lieu de pèlerinage ;
« Au mois de rose éclose » et dans le vert sentier,
En souvenir de toi fleurira l'églantier ;
Pour endormir, dans son berceau, l'enfant qui pleure,
La mère redira ta chanson la meilleure ;

Le pâtre qui revient, une feuille au chapeau,

Vers le soir, en poussant devant lui son troupeau,

Sur le clair galoubet — que jamais tu n'oublies —

Transposera l'accord de tes rimes jolies ;

Et jusqu'à toi viendra, du midi, du levant,

Du couchant et du nord, dans le souffle du vent,

De partout, un concert de louanges égales,

Grandissant et vainqueur comme un bruit de cigales !

9 juin 1880.

LYRES ET ÉPINETTES

INVITATION A L'AMOUR

Sérénade

O toi qui m'as troublé le cœur, depuis le jour
Où j'ai vu scintiller tes yeux emplis d'amour
    Et s'ouvrir tes lèvres vermeilles,
Tends bien ta fine oreille, émue au moindre son :
C'est pour toi que je pleure, en bas, cette chanson,
    Stella, tandis que tu sommeilles.

A ton flanc, laisse-moi m'étendre sous tes draps ;
Laisse-moi te presser longuement dans mes bras ;
    Belle, permets que je me couche

La tête auprès de toi sur le même oreiller ;
Veuille que mon baiser brûlant vienne mouiller
    Le bout de son aile à ta bouche !

Ou plutôt, lève-toi. Nous irons dans les bois :
C'est là que j'entendis pour la première fois
    La musique de ta voix douce ;
Viens, nous reposerons, l'un à l'autre enlacés,
Sous les feuillages noirs par les brises froissés ;
    Viens, nous dormirons sur la mousse !

Couvre ton corps si beau d'habits aériens ;
Chausse tes petits pieds de leurs pantoufles ; viens :
    Car c'est l'heure où la Nuit, sans voiles,
Au-dessus de nos fronts, pour ciel de lit charmant,
Fixe le velours bleu sombre du firmament
    Avec les clous d'or des étoiles !

1878.

BALLADE DE BANVILLE

LE MEILLEUR DE TOUS LES CHANTEURS

Alouette au gosier sonore,
Doux rossignol et gai pinson,
Qui nous enchantent dès l'aurore,
Source jasant dans le cresson,
Bouvreuil qui charme le buisson,
La Patti qui charme la ville,
Bordas qui donne le frisson, —
Nul chanteur ne te vaut, Banville !

Cygne mourant au col d'amphore,
A l'église jeune garçon,
Sultane sous le sycomore,
Lise qui chante à l'unisson

De son amant une chanson
D'opérette ou de vaudeville,
Mère endormant son nourrisson, —
Nul chanteur ne te vaut, Banville !

Espagnol que l'amour dévore,
Tendant sa coupe à l'échanson,
Néron, dont le nom fait encore
Frissonner d'étrange façon,
Arion sur son grand poisson,
Le flot sur la plage, à Trouville,
Cigale au temps de la moisson, —
Nul chanteur ne te vaut, Banville !

ENVOI

Ton chant fait flamber le glaçon ;
L'Indifférence froide et vile,
Toi, tu la domptes, fier Samson :
Nul chanteur ne te vaut, Banville !

Mai 1877.

CHANSON D'AVRIL

Il a neigé sur les branches,
Les branches des prunelliers.
Tout un vol de jupes blanches,
Avec des cris familiers
S'abat dans l'herbe fleurie,
Et les cœurs sont en péril !
L'oiseau, dans les feuilles, crie :
« Avril ! Avril ! »

Il a plu des gouttelettes
Dans les calices des fleurs :
Les beaux yeux des violettes
Brillent, étoilés de pleurs ;

Aux brises ébouriffées,
D'elles, un parfum subtil
Nous arrive par bouffées...
    Avril ! Avril !

Les plaines ensoleillées
S'émaillent de floraisons ;
On entend sous les feuillées
De ravissantes chansons ;
L'onde jase avec la berge ;
Dans l'air bleu traine un blanc fil,
Le fil soyeux de la Vierge...
    Avril ! Avril !

Un zéphyr caressant glisse,
Plein d'aromes printaniers :
Restons encore, ô délice !
Sous la neige des pommiers.
Penche-toi sur moi, mignonne :
Entends-tu le doux babil
Des baisers que je te donne ?..
    Avril ! Avril !

CHANSON D'AVRIL.

C'est le mois des mariages,
L'immense et joyeux réveil :
Comme au travers des feuillages,
Un chaud rayon de soleil
A filtré dans nos deux âmes ;
L'amour, revenu d'exil,
Fait qu'en mes bras tu te pâmes...
    Avril ! Avril !

Vierge au Printemps fiancée,
La Nature ceint ses flancs
D'une tunique tissée
Avec des pétales blancs.
Avril ! Le soleil flamboie ;
L'or saupoudre le pistil :
Tous les êtres sont en joie :
    Avril ! Avril !

Avril 1878.

FANTAISIE

SUR UNE CHANSON BRETONNE

AU COMTE D'OSMOY

Sur la dune, dans les moissons
Que le Soir empourpré colore,
Maintes filles et maints garçons
Dansent au bruit de leurs chansons,
Qu'accompagne la mer sonore.

LE CHOEUR

J'aime bien les fill's de Belle-Ile :
Encore mieux

Les fill's de l'il' d'Yeu!
Les fill's de Belle-Ile,
Les fill's de l'il' d'Yeu :
Les fill's de l'il' d'Yeu
Que j'aime le mieux!

PIERRE

Oh! quels instants délicieux!
Ton sein bat contre ma poitrine;
Comme des étoiles aux cieux,
Je vois des flammes dans tes yeux :
Presse-moi bien fort, Pascaline!

LE CHŒUR

J'aime bien mon cotillon rouge :
Encore mieux
Mon cotillon bleu!
Mon cotillon rouge,
Mon cotillon bleu :
Mon cotillon bleu
Que j'aime le mieux!

PASCALINE

Surtout ne t'en vas plus sur mer :
Promets-le-moi, jure-le même !
Un jour, vois-tu, dans le flot clair
Tu dormirais, toi qui m'es cher ;
Et, Pierre, ô mon amant, je t'aime !

LE CHŒUR

J'aime bien la fille à Faler :
 Encore mieux
 La fille à Mathieu !
 La fille à Faler,
 La fille à Mathieu :
 La fille à Mathieu
 Que j'aime le mieux !

... Sur la dune, dans les moissons
Que le Soir empourpré colore,

Maintes filles et maints garçons
Dansent au bruit de leurs chansons,
Qu'accompagne la mer sonore.

Juin 1877.

LES BRIMBELLES

A JULES GAULLET

Je n'aimai bien que cette fois.
Les oiseaux s'égosillaient d'aise ;
Nous allions à l'ombre du bois ;
Je tenais par la main Thérèse.
Ah ! quel aimable compagnon !
Écrasant aux fleurs leurs ombelles,
Elle posait son pied mignon
Sur la verdure des brimbelles.

Deux pins s'élevaient. Auprès d'eux
Nous nous assîmes : que lui dire ?
Je lui pris un baiser, puis deux,
Puis d'autres... je la vis sourire.
Les oiseaux, avec de grands cris,
S'enfuyaient tous en ribambelles...
Les bons baisers que je lui pris,
Sur la verdure des brimbelles !

Je baisai ses yeux noirs, emplis
D'amour et de flammes étranges,
Puis, ouvrant son corsage à plis,
Surtout, les superbes oranges
Qui mûrissent dans son corset,
Et, tel celui des colombelles,
Son cou blanc, qui resplendissait
Sur la verdure des brimbelles.

Sa fine joue en fleur avait
Les vives rougeurs de la pêche,

Et, comme elle, un léger duvet :
Amour me perce d'une flèche...
Je baise sur son front charmant
Deux boucles, au peigne rebelles ;
Puis je l'étreins éperdument,
Sur la verdure des brimbelles.

Le soleil, au flanc du coteau,
Se voila d'un épais nuage ;
Elle me serrait dans l'étau
De ses bras souples, avec rage ;
Je la voyais s'épanouir :
Oh ! le feu vif de ses prunelles ! —
Nous crûmes nous évanouir
Sur la verdure des brimbelles.

Adieu, rêve trop tôt fini !
Vision folle, mais charmante !
La fauvette a quitté le nid.
Pourtant, comme elle était aimante !

Comme tout son corps frémissait !
Jamais nuits ne furent plus belles.
Oui ! si j'ai jamais aimé, c'est
Sur la verdure des brimbelles !

Mars 1877.

A UNE COUSINE FRANC-COMTOISE

QUI ME DEMANDAIT DES VERS

Des vers ? c'est bon pour nous, cousine,
Nous les malheureux citadins,
Fantômes à mauvaise mine,
Idolâtres de vos jardins ;

Nostalgiques de vos montagnes,
Où l'air se hume à pleins poumons ;
Des espaces de vos campagnes,
Et des grands bois que nous aimons !

Bon pour nous autres misérables,
Qui n'avons pour tous horizons
Qu'une mer de toits innombrables,
Et qui vivons dans des prisons !

Pour nous, dont l'été se résume
Par des soupirs désespérés,
Et par la fonte du bitume
Sur nos boulevards encombrés...

Car, trouvez-moi donc une idylle
Préférable aux sentiers couverts !
La feuille frissonne ; et Virgile
N'a jamais fait d'aussi bons vers.

Trouvez une chanson qui vaille
Le bourdonnement affairé
De l'abeille d'or qui travaille
A récolter son miel sucré !

Dans vos jardins, que l'onde arrose,
Quel vers rime plus richement
Que le frais carmin de la rose
Avec le bleu du firmament?

Et la source allègre qui coule,
Quelle strophe! et le sansonnet,
Le tendre ramier qui roucoule,
Quelle stance et quel beau sonnet!

Quel Horace ou quel Théocrite,
De la nature émerveillés,
Savez-vous, qui l'aient mieux décrite
Que telle que vous la voyez?

Non, ne me demandez, cousine,
Aucun vers, je vous prie, aucun!
Admirez plutôt l'églantine,
Et respirez son doux parfum.

A UNE COUSINE FRANC-COMTOISE.

Ne me demandez point une ode :
Promenez-vous dans le taillis,
Où vous pouvez — c'est plus commode —
Ouïr de gentils gazouillis.

Et si vous voulez un poëme
Qui tous les surpasse en beauté,
Contemplez, sous son ciel que j'aime,
Les coteaux de Franche-Comté !

Juin 1879.

LA CHANSON

DU KIRSCH DE FOUGEROLLES

A MON PÈRE, FRANC-COMTOIS

Le soleil se lève et rougeoie,
Au sommet du coteau rocheux;
Le bois s'éclaire, tout en joie;
Mais voyez, dans le val brumeux :
Un duvet de blanches corolles,
Dont les yeux sont extasiés,
A neigé sur les cerisiers,
Les cerisiers de Fougerolles!

Versez-moi de ce kirsch vanté!

L'été. La campagne s'allume
D'une incandescente clarté ;
Le sarrasin en fleur parfume
Les champs et l'air, pleins de gaîté ;
Un gazouillement de paroles,
Dans les branches lourdes de fruits,
Gaîment, se mêle aux joyeux bruits
Des fontaines, à Fougerolles.

Versez-moi de ce kirsch vanté !

C'est la cueillette des cerises :
Elles pendent par grappillons,
Rouges, surtout noires, exquises ;
Or, comme de blancs papillons
La main des cueilleuses frivoles
De branche en branche voltigeant,
Séduit, par son jeu diligent,
Les jeunes gens de Fougerolles.

Versez-moi de ce kirsch vanté !

Montés sur les hauts pieds-de-chèvre,
Pieds nus, bras nus, dans le soleil,
Maint, effleurant leur fraîche lèvre,
Au lieu du joli fruit vermeil
Va pour cueillir ces bouches folles...
Et chacun devient amoureux.
Dame ! ce sont fruits savoureux
Les fillettes de Fougerolles !

Versez-moi de ce kirsch vanté !

Œil vif, cou blanc et natte brune...
Moi qui vous parle, vieux cueilleur,
J'en ai, certes, aimé plus d'une :
Ce temps-là, c'était le meilleur ! —
Çà, qu'on débouche d'autres fioles,
En l'honneur de tous les yeux doux
Auxquels j'ai donné rendez-vous,
Dans les grands bois de Fougerolles !

Versez-moi de ce kirsch vanté !

Hélas! brises de nos montagnes,

Vous ne les caresserez plus!...

— Dormez en paix, ô mes compagnes!...

Mais pourquoi ces pleurs superflus?

Allons, viens, toi qui me consoles,

Bonne et salutaire liqueur,

Viens encor réchauffer le cœur

Du vieux cueilleur de Fougerolles!

Versez-moi de ce kirsch vanté!

L'élixir divin s'élabore.

Avec des sons clairs et charmants

L'alambic, au flacon sonore,

Compte un à un ses diamants;

L'ivresse met des auréoles

Autour de nos fronts empourprés:

Oui! buvons les rêves dorés

Dans ce cristal de Fougerolles!

Versez-moi de ce kirsch vanté!

Aussi, pour que je croie entendre
Couler du kirsch, quand je mourrai,
Camarades, veuillez m'étendre
Sans façon non loin de mon pré
Où l'eau chante dans les rigoles,
Sous un cerisier de mon champ,
Sur cette colline au couchant,
Dans la terre de Fougerolles!

Versez-moi de ce kirsch vanté!

Décembre 1878.

YAMINA

Ronde kabyle

A HENRI LALLEMAND

J'ai rencontré Yamina
Debout près de la fontaine.
La belle aux cheveux d'ébène,
Pour me voir se détourna.

Yamina! cette merveille
A la taille de palmier,
Tandis qu'au fruit du pommier
Sa fine joue est pareille ;

Yamina! belle aux sourcils
Arqués en manière d'ancre,
Aux longs yeux comme un trait d'encre,
Brillants sous leurs cils noircis;

Yamina! pièce de soie
Déployée; oiseau charmant
Dont le frais gazouillement
Nous met au cœur de la joie :

Figue mûre pour la faim ;
Légère et douce gazelle;
Sang de chrétien qui ruisselle!
Fusil incrusté d'or fin !

Splendide, souvent en rêve
Cette houri m'apparaît :
Elle s'avance : on croirait
Voir le soleil qui se lève. —

J'ai rencontré Yamina
Qui puisait à la fontaine :
Or son alcarraza pleine,
D'eau claire, elle m'en donna.

Quand Yamina me fit boire,
Je vis ses deux seins jumeaux,
Qui ressemblent aux pommeaux
De mes pistolets d'ivoire ;

Je vis son col de faucon,
Souple et nerveux, qui se dresse,
Aussi doux à la caresse
Que de la soie en cocon ;

Je vis son regard de braise :
Puis l'empoignant tout à coup
Par son cou, son petit cou,
L'embrassai tout à mon aise. —

J'entends les sons musicaux
De sa bouche toujours franche :
Sa peau lustrée est plus blanche
Que la pulpe des cocos ;

Sa gorge, aux pointes fleuries,
S'orne d'un collier à rangs
Formés de grains odorants,
Ou bien de verroteries ;

Elle a des *kholkhals* ¹ d'argent,
Filigrane et cannetille,
Au-dessus de la cheville,
Et ras du sol voltigeant,

Ses pieds chaussés de babouches,
Mignons, d'ambre parfumés,

1. Anneaux que les femmes kabyles portent aux jambes.

N'y sont pas plus imprimés
Que les baisers sur les bouches...

Mais il fallait cent réaux !
Malgré mon âme jalouse,
Un vieux marabout l'épouse...
Allah finisse mes maux !

Hélas ! à la même gourde
D'amour nous n'aurons pas bu !
Elle a quitté la tribu,
Fière, à mes prières sourde !

J'ai bien pleuré, pauvre cheik !
Adieu la blanche cavale :
Yamina que rien n'égale
Est loin !... — ma raison avec !

1879.

LE CHANT DES BIJOUTIERS

A HENRI TROLLÉ

Harmonisant les soleils colorés
    Des scintillantes pierreries
Dans des joyaux plus savamment ouvrés
    Que les fleurettes des prairies,
Nous ruinons les banquiers et les rois,
    Et le fin travail de nos doigts
      Brille sur les gorges fleuries,
      Baise les jolis doigts menus,
      Couronne les têtes sereines,

LE CHANT DES BIJOUTIERS.

On frémit d'aise aux beaux bras nus
Des courtisanes et des reines !

Au cliquetis de nos marteaux,
Limons, tenaillons, ciselons sans trêve
Le plus précieux des métaux,
Seulement comparable au soleil qui se lève !
Chauffons, reperçons, tourmentons encor
Le métal du luxe et du rêve :
L'Or !

Nos fleurs, avec leur feuillage léger,
De divers ors, sont des merveilles :
Toute fillette, à les sentir bouger
Dans ses cheveux, à ses oreilles,
Devient soudain plus facile aux amours...
Mais quand viennent les mauvais jours,
O Guerre, quand tu te réveilles,
Ces bijoux que nous façonnons,
Et qui sont la gloire française,

Afin d'en avoir des canons,
Nous les jetons à la fournaise !

Au cliquetis de nos marteaux,
Limons, tenaillons, ciselons sans trêve
Le plus précieux des métaux,
Seulement comparable au soleil qui se lève !
Chauffons, reperçons, tourmentons encor
Le métal du luxe et du rêve :
L'Or !

Nous aimons l'art ; un orgueil infini
Peut exalter nos cœurs d'artistes :
Car dans nos rangs nous comptons Cellini !
Des rubis, saphirs, améthystes
Accoutumés à voir le flamboiement,
Notre vœu serait seulement,
Sonne l'heure des adieux tristes,
D'habiter le séjour des cieux,
Pour qu'au lapis des nuits sans voiles,

Rayonnent encore à nos yeux
Ces diamants qu'on nomme étoiles !

Au cliquetis de nos marteaux,
Limons, tenaillons, ciselons sans trêve
Le plus précieux des métaux,
Seulement comparable au soleil qui se lève !
Chauffons, reperçons, tourmentons encor
Le métal du luxe et du rêve :
L'Or !

Mars 1879.

BALLADE

POUR CÉLÉBRER LE RIRE DE MA BIEN-AIMÉE

Ceux qui vantent la douce main
Blanche, la prunelle allumée
De leur belle au cœur inhumain,
Ou bien sa tresse parfumée,
Certes auraient bouche fermée
Et mépriseraient leur trésor,
S'ils connaissaient ma bien-aimée,
Quand s'égrène son rire d'or !

La rouge mûre du chemin
Semble sur sa lèvre exprimée,
Ses dents, pétales de jasmin,
Toutes en rang comme une armée,

Brillent mieux que perles : pâmée
Et sa gorge prenant l'essor,
Se renverse ma bien-aimée,
Quand s'égrène son rire d'or !

Un jour (beau jour sans lendemain !)
Dans la forêt verte embaumée,
Où le chêne vit notre hymen,
Nous cheminions sous la ramée...
Que de chants !... Mais la voix calmée
Des oiseaux surprit le décor :
Ils jalousent ma bien-aimée,
Quand s'égrène son rire d'or !

ENVOI

Prince, votre oreille charmée
En tinterait longtemps encor :
Tâchez d'ouïr ma bien-aimée,
Quand s'égrène son rire d'or !

Février 1878.

CHANSON D'AUTOMNE

A CHARLES JAUME

Au-dessus des coteaux voisins,
La Vendange, aimable bacchante,
Rit de sa bouche provoquante,
Le front couronné de raisins ;
Et pressant la grappe sanglante
Dans une coupe étincelante,
En chancelant sur ses genoux,
D'une voix sonore elle entonne
Un chant pour célébrer l'Automne,
Ivre de joie et de vin doux !

Je veux boire la sainte ivresse
Dans ce vieux vin plein de soleil,
Semblable au sourire vermeil
Sur la lèvre de ma maitresse.

Maintenant je songe à l'été,
A nos amours folles et belles,
Quand nous allions dans les brimbelles,
Pleins de jeunesse et de gaité.
Qu'elle était charmante, ma mie !
Dans les monts la source endormie,
Les églantiers, le hêtre ancien,
Les papillons blancs, les abeilles,
Les fleurs aux corolles vermeilles,
Et les oiseaux le savent bien !

Je veux boire la sainte ivresse
Dans ce vieux vin plein de soleil,
Semblable au sourire vermeil
Sur la lèvre de ma maitresse.

J'aimais son regard étoilé,
Son babil de perruche verte...
Son cœur sans doute est cage ouverte :
L'oisel Amour s'est envolé.
A ce jour, la belle m'oublie ;
Comme une autre, cette folie
S'en est allée avec l'autan !
Où sont donc ses jolis mensonges,
Ses baisers de feu, nos doux songes ?...
Mais où sont les amours d'antan !

Je veux boire la sainte ivresse
Dans ce vieux vin plein de soleil,
Semblable au sourire vermeil
Sur la lèvre de ma maîtresse.

Bientôt, plus de fleurs dans les champs,
Plus de prairie ensoleillée,
Plus de ciel bleu ; dans la feuillée,
Naguère verte, plus de chants !

Plus d'herbe haute au bord des rives !
Sous les beaux fruits aux couleurs vives
On ne voit plus l'arbre ployer :
La bise vient 'heurter ma porte ;
La neige brille ; — mais qu'importe !
La flamme rit dans le foyer.

Et je trouve la sainte ivresse
Dans ce vieux vin plein de soleil,
Semblable au sourire vermeil
Sur la lèvre de ma maîtresse.

Octobre 1877.

LA ROSE

A JEAN DOLENT

Alice, en cueillant une rose,
S'est piqué les doigts, et le sang,
Versant sa belle pourpre, arrose
Même son mignon poignet blanc.

— « Ah! la méchante fleur! » dit-elle,
En voyant se rougir sa main,
Et la manchette de dentelle
Tachée, au bord, d'un pur carmin.

LA ROSE.

Or la Rose aux pointes brutales,
La fleur que louange chacun,
Avec ses lèvres de pétales
Lui dit, exhalant son parfum :

— « Méchante? plus que moi vous l'êtes,
Ma sœur; car si j'ai fait jaillir
Sur votre peau ces gouttelettes,
Au moins vous m'avez pu cueillir :

« Tandis que celui que dédaigne
Votre fierté, jusqu'à ce jour,
Encor que son pauvre cœur saigne,
N'a pu cueillir la fleur d'amour! »

1877.

LA BELLE YSEULT

A PAUL SÉBILLOT

Yseult aux lèvres d'œillet,
La perle des bachelettes,
Dans un bois d'entour cueillait
Un bouquet de violettes.
Un clerc passa : le sournois
Vanta le parfum d'icelles...
— N'allez pas, ô jouvencelles!
Toutes seules dans les bois.

Ensuite il lui prit la main
Et la baisa d'un air tendre,
En souriant, — l'inhumain!
Yseult n'osait se défendre.
Las! pauvre biche aux abois,
Il la prend sous les aisselles...
— N'allez pas, ô jouvencelles!
Toutes seules dans les bois.

Bien qu'il vit son désespoir
(Tant il avait l'âme dure!),
Son séducteur la fit choir
Sur les touffes de verdure...
C'est fait d'elle, cette fois.
En pleurèrent les pucelles.
— N'allez pas, ô jouvencelles!
Toutes seules dans les bois.

— Mais leurs cœurs étaient grisés
De voluptés sans pareilles;

La musique des baisers
Résonnait à leurs oreilles,
Mieux que flûtes et hautbois ;
Dans leurs yeux, que d'étincelles !
— Allez, douces jouvencelles,
Toutes seules dans les bois !

Novembre 1877.

LA NEIGE

Rondel

La Neige tombe, lente, et vole,
Comme le duvet de l'eider ;
Ses flocons se croisent en l'air,
Le vent la pourchasse et l'affole.

Sur le vieux toit, qui se gondole
Aux étreintes du rude Hiver,
La Neige tombe, lente, et vole,
Comme le duvet de l'eider.

Lucie est là qui me cajole :
Ses yeux brillent d'un vif éclair. —
Au dehors, sous le ciel gris clair
Effeuillant sa blanche corolle,
La Neige tombe, lente, et vole.

1877.

LA GRÊLE

Rondel

— « Lise, veux-tu des perles fines ?
En voici d'un bel orient, »
Dis-je à mon aimée, en riant...
Et l'on a des façons mutines.

« Pour orner ces formes divines
Et ce cou, de baisers friand,
Lise, veux-tu des perles fines ?
En voici d'un bel orient.

« Vois donc : sur les vitres voisines,
Avec un entrain variant,
La Grêle défile, en criant,
Son collier gelé de bruines...
— Lise, veux-tu des perles fines? »

1877.

CHANSON D'HIVER

Les bois feuillus reverdiront
   — Patientez, mes belles —
Pour ombrager votre doux front
   De leurs feuilles nouvelles;

Les oiselets rechanteront
   — Gazouillez, jeunes belles —
Encor vos doigts fins cueilleront
   Les grains bleus des brimbelles;

Les fraises aussi mûriront
   — Comptez les jours, ô belles —

Mais vos bouches leur font affront,
 Étant plus fraîches qu'elles;

Les herbes du val grandiront
 — Réjouissez-vous, belles —
Nous danserons encore en rond,
 Ou bien en ribambelles;

Les lys des étangs s'ouvriront
 — Consolez-vous, mes belles —
Bientôt vos yeux rêveurs suivront
 En l'air les hirondelles;

Les verts genêts refleuriront
 — Songez-y, toutes belles —
Voici mai : vos amants sauront
 Si vous êtes fidèles.

Janvier 1879.

> Per cantare.
>
> *Chanson italienne.*

Les roses sont en boutons ;
L'azur du ciel se déploie ;
L'oiseau chante, ivre de joie :
    Chantons !

Au rhythme de leurs chansons,
Les moissonneuses superbes
Bondissent autour des gerbes :
    Dansons !

Les vierges que nous rêvons
Portent de pleines corbeilles
De raisins blonds comme abeilles :
    Buvons !

Dans la plaine, sur les monts,
Partout la neige se pose ;
Dans l'âtre flambe un feu rose :
    Aimons !

Juillet 1877.

BARCAROLLE

RESSOUVENIR DES LACS DE BIENNE ET DE NEUCHATEL

Penche sur ma poitrine
Ton doux front, ma divine :
Veux-tu, le temps est beau,
Laissons aller la frêle
    Nacelle
  Au fil de l'eau ?

Le lac sommeille. Admire
Le flot clair où se mire

La vigne du coteau.
Laissons aller la frêle
    Nacelle
   Au fil de l'eau !

Sur l'onde qui s'étoile
Au soleil, notre voile
Semble une aile d'oiseau.
Laissons aller la frêle
    Nacelle
   Au fil de l'eau !

Pour que plus doux il flotte,
Amour, malin pilote,
Conduit notre bateau.
Laissons aller la frêle
    Nacelle
   Au fil de l'eau !

Ta bouche, fraise mûre,
A comme le murmure

BARCAROLLE.

Suave du roseau.
Laissons aller la frêle
    Nacelle
  Au fil de l'eau !

Ta chevelure belle,
A la brise, s'emmêle
Comme un blond écheveau.
Laissons aller la frêle
    Nacelle
  Au fil de l'eau !

Que ta lèvre est brûlante !
Dieu ! ta gorge tremblante
Bondit comme un agneau.
Laissons aller la frêle
    Nacelle
  Au fil de l'eau !

Comme ton œil bleu brille !
Puisque tes bras, gentille,

M'ont pris dans leur étau,
Laissons aller la frêle
Nacelle
Au fil de l'eau !

Avril 1879.

PASTOURELLE

Mai s'est parfumé de roses :
Voici l'heureux temps d'amour.
On ressent de douces choses :
Et tous les cœurs, sans détour,
S'ouvrent comme violettes
Et gazouillent comme oiseaux :
    Dansez, bachelettes !
    Aimez, jouvenceaux !

Égarée en la fougère,
— Voici l'heureux temps d'amour —
Alix, la gente bergère,
Vit Thibault, le gai pastour :
Les beautés sont bien follettes...
Pan soufflait dans ses roseaux...
    Oyez, bachelettes !
    Et vous, jouvenceaux !

« Beau pastour galant, dit-elle,
Voici l'heureux temps d'amour. »
Jeune était la pastourelle ;
Aussitôt lui fit sa cour. —
Mettez vos fraîches toilettes,
Et dessous les verts arceaux,
    Tournez, bachelettes !
    Sautez, jouvenceaux !

Ils allèrent sous les branches...
— Voici l'heureux temps d'amour —

PASTOURELLE.

Ce que virent les pervenches !...
Et tellement, qu'à l'entour
Les framboises doucelettes
Rougissaient aux arbrisseaux...
 Craignez, bachelettes !
 Osez, jouvenceaux !

Or, repassant près des charmes,
— Voici l'heureux temps d'amour —
La pauvrette avait des larmes
Dans ses beaux yeux pleins de jour :
Et telles, des gouttelettes
Brillaient au bord des ruisseaux...
 Pleurez, bachelettes !
 Chantez, jouvenceaux !

Mais oncques n'ayons tristesse,
— Voici l'heureux temps d'amour —
Et comme dit, ô jeunesse !
La chanson du troubadour :

Mettez vos fraiches toilettes,
Et dessous les verts arceaux,
Dansez, bachelettes!
Aimez, jouvenceaux!

1880.

LES PÈCHEURS

Poëme symphonique

A ALPHONSE DAUDET

I. Le Départ.
II. Le Chant des Matelots.
III. La Tempête.
IV. Prières.
   Une Épouse.
   Chœur de petits Enfants.
   Une Fiancée.
   Un Père.
   Une Mère.
   Le Vœu.

V. Fin de la Tempête.
VI. Actions de grâces.
VII. Réjouissances au Port.
   « Au son des bouches. »
   Airs de biniou et bombarde.
VIII. Tableau.

I

LE DÉPART

L'on vient de détacher l'amarre :
La voile glisse en haut du mât ;
Le vent, en claquant, s'en empare,
Comme un sein elle s'enfle et bat ;

Un rayon sur la toile bouge ;
A l'avant, blanchit le remous ;
L'esquif penche son aile rouge
Sur les flots onduleux et mous.

Voyez-les filer, vent arrière,
Ces frêles bateaux de pêcheurs !
Quelle brise, leste courrière,
Devancerait de tels marcheurs ?...

Le ciel est bleu, la mer est bleue ;
Les îlots verts, les récifs blancs ;
Les barques font plus d'une lieue,
Comme un départ de goëlands...

Le matin voile encor de gazes
L'horizon, vu confusément ;
Le soleil sème des topazes
Sur la vague... ô fourmillement !

Et couvrant le bruit du flot qui se brise
Contre le granit des rocs, on entend
Les robustes voix, qu'apporte la brise,
 Des marins chantant.

II

LE CHANT DES MATELOTS

AU PILOTE MAUEC

 Allons hisse, hisse !
 Tire sur la drisse !
Foc et trinquette à l'avant !
 Largue au vent !

La Mer est notre maitresse :
Parfois rude est sa caresse,
Mais ses bercements sont doux ;
Si, lorsque les vents font rage,
Dans les lames et l'orage

Sa voix est rauque et sauvage
Et hurle comme les loups, —
Lorsqu'elle est calme et sereine,
C'est le chant de la sirène,
Ou le ruisseau dont l'eau traîne
Sur de sonores cailloux !

— Allons hisse, hisse !
Tire sur la drisse !
Foc et trinquette à l'avant !
Largue au vent !

C'est aussi notre promise :
Quelle fillette est mieux mise ?
Sa robe est de satin bleu,
Le bord, d'une écume telle
Qu'on dirait de la dentelle,
Et le soleil la constelle
De beaux diamants de feu !
Puis, quant à sa dot : des mines

D'or, sous ses eaux cristallines,
Par boisseaux des perles fines
Et des coraux... — Seigneur-Dieu!

— Allons hisse, hisse!
Tire sur la drisse!
Foc et trinquette à l'avant!
Largue au vent!

Nous épouserons la belle
Le jour où notre nacelle,
Sans voile et sans matelots,
S'en reviendra sur la grève :
Alors, voyant dans le rêve
Nos femmes pleurer sans trêve,
Et troublés par leurs sanglots,
Nous, nous dormirons, tout pâles,
Sur nos couches nuptiales
Faites d'algues glaciales,
Dans les draps glauques des flots!

— Allons hisse, hisse !
Tire sur la drisse !
Foc et trinquette à l'avant !
Largue au vent !

III

LA TEMPÊTE

De gros nuages noirs tout là-bas s'amoncellent ;
Les sinistres rochers qui regardent la mer,
Sont plus mornes encore ; et, pleins d'un bruit de fer,
Les flots verts, écumant, jusqu'à leurs fronts ruissellent !

— Chassant le cormoran qui bâtit là son nid,
Mer, pourquoi t'acharner après eux dans la brume ?
Pourquoi mordre de rage, avec tes dents d'écume,
En hurlant de terreur, ces géants de granit ?...

Les vents, lugubrement, soufflent, sifflent et grognent,
Comme un troupeau de chiens lâchés sur l'Océan :
Déjà tournoie en l'air et passe l'ouragan :
Ouvriers de la mort, hélas ! comme ils besognent !

Leurs fiers sommets neigeux ainsi qu'une Jungfrau,
Les vagues sont des monts livides et verdâtres,
Mugissant en roulant leurs flots opiniâtres,
Heurtant la côte avec de grands bonds de taureau !

Et les pauvres marins luttent avec les rames,
Leur voile déchirée et tout dégouttants d'eau,
Assourdis par la mer, s'ouvrant pour leur tombeau,
Aveuglés par l'embrun et dans l'effroi des lames !

— O vous dont les enfants, les pères, les maris,
Ou les frères, ô Dieu ! sont le jouet des ondes,
Oh ! ne regardez pas vers les vagues profondes,
Que rase la mouette en poussant d'affreux cris !

Oh ! ne regardez pas ! Oh ! détournez la tête !
Voyez : les goëlands, qui se sont rapprochés
Du rivage, inquiets, volent dans les rochers.
—Oh ! ne regardez pas !—Priez.—C'est la tempête !

IV

PRIÈRES

UNE ÉPOUSE

Mon Dieu ! si vous prenez
Leur père aux petits êtres
Que vous m'avez donnés.
Ils meurent ; — jeunes hêtres
Sitôt déracinés !

Si vous privez du mâle
Le nid à peine éclos
Où souffle la rafale,
Le froid saisit leurs os :
Voici leur dernier râle !

Et plus de cris joyeux!
Et la pauvre femelle,
Mettant, pour mourir mieux,
Sa tête sous son aile,
Ferme à jamais ses yeux !

CHOEUR DE PETITS ENFANTS

Bon petit Jésus, rends-nous
    Notre père !
Notre cœur se désespère :
Nous t'en prions à genoux,
    Notre père,
Petit Jésus, rends-le-nous !

UNE FIANCÉE

Vierge Marie,
Vers vous je crie.

A la mer j'ai mon fiancé !
Mon fiancé fort comme un chêne,

Hardi, souple, agile, élancé :
Sur sa tête déjà vainement a passé,
Maintes fois, l'ouragan sombre qui se déchaine !
 A la mer j'ai mon fiancé !

 C'est le plus beau des jeunes hommes,
 Assurément, de tout le bourg...
 Tel un pommier chargé de pommes,
Il est tentant : faut-il donc qu'il meure en un jour,
Au moment d'y cueillir le joli fruit d'amour ?...

 Vierge Marie,
 Vers vous je crie.

UN PÈRE

Moi, je n'ai pas de biens, Seigneur !
Et ma femme est au cimetière :
Pourtant je suis riche, ayant Pierre,
Mon fils, qui fait seul mon bonheur ;
Mais si le cruel moissonneur,
Le Trépas, couche dans la bière

Ce fils dont ma vieillesse est fière, —
Que me restera-t-il, Seigneur ?

UNE MÈRE

Quand il partit, ce matin même,
Il avait l'air tout triomphant ;
Il me disait : « Combien je t'aime !... »
Mon pauvre enfant ! mon pauvre enfant !

Il me disait (ô peine amère !
D'y penser, mon âme se fend) :
« Embrasse-moi bien fort, ma mère... »
Mon pauvre enfant ! mon pauvre enfant !

Dieu ! le flot va-t-il me le prendre,
En ses replis froids l'étouffant,
Et meurtrir ce corps frêle et tendre...
Mon pauvre enfant ! mon pauvre enfant !

LE VŒU

CHŒUR

Sainte Vierge, bonne étoile
De ceux qui vont naufrager,
Guidez-les dans le danger :
Nous vous promettons un voile
Partout brodé d'or changeant,
Une nappe fine et belle
Pour orner votre chapelle,
Et des bijoux en argent.

V

FIN DE LA TEMPÊTE

Le soleil resplendit comme un joyeux sourire,
Trouant de sa clarté les nuages épais ;
Les vents, lassés enfin, laissent la vague en paix,
Mélodieux dans l'air comme une douce lyre.

LES PÊCHEURS.

Les flots, bouleversés encore dans les rocs,
S'aplanissent au large, et leur légère houle,
En chantant doucement, s'enroule et se déroule,
Avec mille baisers plutôt qu'avec des chocs !

La mer se calme à l'ouest et vers le nord s'azure.
Pêcheurs, apprêtez-vous à mouiller l'ancre au port.
Prenez garde aux brisants ! plus qu'un dernier effort !
Si l'Océan est traître, au moins la rade est sûre.

Et vous, femmes, enfants, tous ! par l'embrun lavés,
— Une barque s'approche — accourez sur le môle !
Tirez fort sur l'amarre !.. Encore un coup d'épaule !..
Courage !.. Tenez bon !.. Encore !.. — Ils sont sauvés !

VI

ACTIONS DE GRACES

LE CHŒUR

A genoux ! Disons des prières,
Et mêlons nos voix familières
    En des accents
    Reconnaissants !

LES FEMMES

Gloire et louanges à Marie !
La douceur de sa voix chérie
A calmé la mer en furie.

LES HOMMES

Gloire à saint Nicolas, patron
De tout ce qui tient l'aviron !
Grâce à lui le vent devint bon.

LE CHŒUR

Jusqu'aux cieux montez, nos prières !
Portez-y nos voix familières,
  Et nos accents
  Reconnaissants !

VII

RÉJOUISSANCES AU PORT

D'où vient qu'on entend sonner la bombarde,
Et que le biniou chante sa chanson ?
D'où vient que chacun dans le port s'attarde ?
Et qu'il court dans l'air un joyeux frisson ?

  — Accourez, ô jeunes filles !
  O jeunes gens, accourez !
  Les fillettes sont gentilles,
  Et les garçons délurés.

Fête sur le port ! — Rires, joie et danses !
Le chant du biniou s'arrête parfois :
Alors les danseurs rhythment les cadences
De leurs pas avec la chanson des voix.

— Accourez, ô jeunes filles !
O jeunes gens, accourez !
Formez vite vos quadrilles :
Entrez dans le cercle, entrez !

Air de biniou et bombarde.

« AU SON DES BOUCHES »

J'aime bien la fleur de la lande :
 Encore mieux
  La fleur de ses yeux !
  La fleur de la lande,
  La fleur de ses yeux :
  La fleur de ses yeux
  Que j'aime le mieux !

J'aime bien ouïr la bombarde :
>   Encore mieux
>   Son rire joyeux !
>   Ouïr la bombarde,
>   Son rire joyeux :
>   Son rire joyeux
>   Que j'aime le mieux !

J'aime bien les belles étoiles :
>   Encore mieux
>   Son œil amoureux !
>   Les belles étoiles,
>   Son œil amoureux :
>   Son œil amoureux
>   Que j'aime le mieux !

Biniou. — Bombarde.
(Un autre air de danse.)

VIII

TABLEAU

Et cependant s'éteint la nue éblouissante,
Lorsque au rouge horizon s'entame le soleil,
Laissant, comme un adieu, son grand sillon vermeil
Dans la mer assombrie et sans fin bruissante.

La falaise bientôt fume comme un encens.
Heure mélancolique et propice à nos rêves :
Chaque phare s'allume, et sur toutes les grèves
Sonnent les lourds ressacs, déjà phosphorescents.

Le jour est accompli. La nature tranquille
Nous émeut, — et malgré le bruit du sol foulé,
Les refrains, le biniou, dont ce calme est troublé...
La nuit aux souffles frais descend sur la presqu'île.

C'est l'instant où le flot clapote dans le port ;
Où les havres sont pleins, la marée étant haute :
Où le courlis siffleur fait entendre à la côte
Son appel monotone... où le goëland dort.

Les pêcheurs naufragés, couchés sans sépultures
Dans les bas-fonds marins, tressaillent, écoutant
La danse et ces vieux airs bretons qu'ils aimaient tant...
Les forbans, amarrés, craquent dans leurs mâtures.

— Lir i dou, lir i da ! — fait la chanson des voix.
Les couples enchaînés s'entraînent... Iou !... La lune
Brille comme une lampe, en éclairant la dune.
... Iou !... Lan lir, lir i dou ! — Tous virent à la fois.

Sirius étincelle, et l'étoile Polaire
Luit à la Petite Ourse, en nous montrant le nord,
Près du Chemin lacté ; mais admirez d'abord,
Dans le céleste champ, la floraison stellaire.

Et tout tourne : la lune en clignotant des yeux,
Les îlots gambadeurs et les vagues frivoles ;
Les nuages s'en vont formant des rondes folles,
Et les astres rieurs dansent au ciel joyeux !

1878.

RÊVES ENVOLÉS

LE SENTIER DANS LA MONTAGNE

C'était un sentier que les fraises mûres
Parfumaient, partout fleurissant le sol,
Où l'on entendait le doux rossignol
Dans l'épais berceau des vertes ramures.

C'était, j'en conviens, un affreux chemin ;
Mais son souvenir me remplit d'ivresse :
Pour le gravir mieux — divine caresse ! —
Elle vint m'offrir sa mignonne main.

Main plus blanche à voir que le lys qu'on vante,
Gracieuse, avec des ongles fleuris.

Si douce au toucher quand je la lui pris,
Qui frémissait toute, émue et vivante !

— De quoi nous parlions? — Du bouleau tremblant,
De l'air qui passait dans sa chevelure,
De sa voix tombant sur mon cœur si pure,
Ou de son regard suave et troublant.

— De quoi nous parlions ? — Du vol de l'abeille,
Que trompait l'éclat de sa bouche en fleur,
Ou du ruisseau frais au flot querelleur,
Dont les clairs grelots charmaient notre oreille.

L'oiseau modulait, dans le demi-jour
Du feuillage, un chant de douceur exquise ;
Et nous nous sentions au front de la brise,
Aux yeux de la joie, au cœur de l'amour.

Février 1878.

SOUVENIR

Pantoum.

Sous l'œil caressant de la lune
On voyait luire le flot noir.
Sur le vieux pont, dans la nuit brune,
Nous passions. — Je crois nous y voir.

On voyait luire le flot noir
Comme des prunelles de femme.
Nous passions : je crois nous y voir...
Nous avions au cœur de la flamme.

Comme des prunelles de femme
Les étoiles brillaient aux cieux.
Nous avions au cœur de la flamme,
De la flamme aussi dans les yeux.

Les étoiles brillaient aux cieux.
La rivière chantait sans trêve.
De la flamme aussi dans les yeux,
Nous passions, charmants, comme en rêve.

La rivière chantait sans trêve.
Les rives se miraient dans l'eau.
Nous passions, charmants, comme en rêve.
O le délicieux tableau !

Les rives se miraient dans l'eau.
Pas un souffle dans la vallée.
O le délicieux tableau !
Nous arrivons dans une allée.

SOUVENIR.

Pas un souffle dans la vallée.
— A quoi songeaient les peupliers?
Nous arrivons dans une allée...
Alors nos bras se sont liés.

— A quoi songeaient les peupliers?
La nature était endormie.
Alors nos bras se sont liés :
Te le rappelles-tu, ma mie?

La nature était endormie ;
Les coteaux s'éclairaient un peu.
Te le rappelles-tu, ma mie?
Quels sanglots, quels baisers de feu !

Les coteaux s'éclairaient un peu,
Les coteaux aux grappes dorées.
Quels sanglots, quels baisers de feu
Sur tes deux lèvres adorées !

Les coteaux aux grappes dorées
S'évanouirent à leur tour.
Sur tes deux lèvres adorées
Je buvais la vie et l'amour.

S'évanouirent à leur tour
Les flots chantants de la rivière.
Je buvais la vie et l'amour
Dans tes bras, ma belle écolière.

Les flots chantants de la rivière,
Les peupliers, c'était charmant.
Dans tes bras, ma belle écolière,
Je me sentais mourir vraiment.

Les peupliers, c'était charmant ;
C'était bien moelleux sur les mousses.
Je me sentais mourir vraiment :
Tes caresses étaient si douces !

SOUVENIR.

C'était bien moelleux sur les mousses :
En haut, que d'yeux sur vous fixés !
Tes caresses étaient si douces,
Quand nous revinmes, enlacés !

En haut, que d'yeux sur vous fixés !
Une belle nuit, c'en fut une !
Quand nous revinmes, enlacés,
Sous l'œil caressant de la lune.

Juillet 1877.

LA PERLE ROUGE

A MADEMOISELLE MARIE G...

Vous souvient-il, Mademoiselle,
Encor de ce beau jour d'été
Où vous couriez, jeune gazelle,
Jeune gazelle en liberté :

Où vous couriez parmi les ronces
Et les fougères du coteau ?
Ah ! vous ne pesiez pas quatre onces !
Dieu ! vous filiez, comme un oiseau !

Vous alliez, gaie et triomphante...
Quand soudain votre pied glissa :
Votre tout petit pied d'infante.
Bien cambré,-pas plus grand que ça.

Je pris alors votre main fine,
Qui tressaillait sous mon toucher.
Et comme j'y vis une épine,
Je me baissai pour l'arracher...

O douleur ! un joli grain rouge,
Sur ce doigt mignon, rose et blanc,
Perle, au soleil scintille et bouge :
Rubis formé de votre sang !

Vrai, cela me fit quelque chose.
J'en eus le cœur triste et navré,
Quand je vis cette perle éclose,
A l'épiderme déchiré !

Mais vous — jaseuse comme un merle —
Dans un baiser délicieux,
Vous bûtes d'un seul trait la perle...
Cléopâtre n'eût pas fait mieux !

Janvier 1878.

AMOUR

Sitôt que je la vis, je sentis dans mon âme
    Comme un vivant tressaillement,
Et dans mon cœur ému, comme une douce flamme
    Qui le dévorait ardemment.

Je n'ai plus de sommeil; hélas! aucune trêve
    A mon tourment! Depuis ce jour,
Je ne vis plus qu'en elle, et constamment je rêve
    A l'image de mon amour:

Je revois ses cheveux, relevés en deux nattes
  (Du jais sur l'ivoire du cou),
Ses yeux noirs et brillants, ses lèvres écarlates,
  Son joli rire ! — J'en suis fou !

Je revois la fraîcheur exquise de sa joue,
  L'éclair de neige de ses dents,
Son oreille petite et que la rose loue,
  Aux lobes vierges de pendants :

Je crois tenir encor cette main délicate,
  Fine et d'un gracieux dessin,
Qui tressaillait, plus douce au toucher que l'agate ;
  Je vois bouger ce jeune sein !

Je vois son petit bras potelé, sous la manche
  Large, relevée à propos :
Et puis quelle gaîté spirituelle et franche,
  Et surtout quels gentils propos !

J'admire, sur ses yeux, son chapeau de bergère,
> Où flottaient deux bouts de velours :
Ah ! comme elle courait dans les roches, légère !...
> Les pas des biches sont plus lourds.

O jeune fille ! ô toi que la grâce décore
> Et que la jeunesse fleurit !
Moi qui t'ai vue un jour, te reverrai-je encore ? —
> C'est le tourment de mon esprit.

Je n'y puis pas songer sans trembler dans mon être,
> Sans me sentir désespéré !
L'aimer tant, cette vierge, et dire que peut-être
> « Jamais » je ne la reverrai !

Alors, vienne la Mort sinistre, je l'en prie,
    Mon cœur n'étant plus qu'un lambeau !
— Mais sans toi dans mes bras, ma colombe chérie,
    J'aurai bien froid dans le tombeau !

Septembre 1877.

LES NOISETTES

A RENÉ DELORME

Pour soulager leurs pieds d'enfant
Dans les roches, l'air triomphant,
On tient par la main les fillettes,
Quand on va cueillir les noisettes.

Quand on va cueillir les noisettes,
De même on cueille les fleurettes,
Qu'avec leurs petits doigts coquets
Les belles groupent en bouquets.

L'oiseau, par ses gentils caquets,
Nous enchante au fond des bosquets.
Et mainte nous fait des risettes,
Quand on va cueillir les noisettes.

Quand on va cueillir les noisettes,
Pour une aux rieuses fossettes,
On grimpe, en lorgnant de travers,
Tout en haut des coudriers verts.

Et l'on a surtout les yeux vers
Le corsage aux plis entr'ouverts,
Pour voir des formes rondelettes,
Quand on va cueillir les noisettes.

Quand on va cueillir les noisettes,
Rouges comme des cerisettes,
Toutes, dans leurs yeux indulgents,
Ont des éclairs encourageants :

Et combien alors, — cœurs changeants, —
Entre les bras des jeunes gens
Se laissent choir dans les coudrettes,
Quand on va cueillir les noisettes !

Septembre 1877.

SOUS BOIS

Tous deux, sous la jeune feuillée
Nous allions... Elle avait seize ans.
Ses yeux bleu pur étaient luisants
Comme une vitre ensoleillée.

Dans sa chevelure embrouillée
Passaient des souffles bienfaisants;
Ses pieds, mignons et séduisants,
Froissaient l'herbe encore mouillée.

SOUS BOIS.

Des fleurs brillaient de temps en temps.
O divin charme du printemps !
Je sentis ma lèvre affamée :

Et je cueillis, tremblant un peu,
Une fleur pour ma bien-aimée.
Un baiser sur sa bouche en feu.

Janvier 1878.

RONDEL

Les beaux jours d'été sont passés :
Las! plus de feuilles aux ramures.
Nos sentiers des bois, pleins de mûres,
Sous la neige sont effacés.

Les feuillages entre-froissés
Parlaient avec de doux murmures...
Les beaux jours d'été sont passés :
Las! plus de feuilles aux ramures.

RONDEL.

Quand nous nous sommes embrassés,
C'était le temps des fraises mûres :
Nos bouches avaient des morsures ;
Tu me disais : « Assez... assez !... »
Les beaux jours d'été sont passés !

Janvier 1872.

PANTOUM

En l'honneur de ma bien-aimée
Chantait le rossignol du bois.
Mon âme est encore charmée
Aux chers souvenirs d'autrefois.

Chantait le rossignol du bois
Un doux et tendre épithalame.
Aux chers souvenirs d'autrefois,
Je vois me sourire une femme.

PANTOUM.

Un doux et tendre épithalame
Résonnait dans le bosquet vert.
Je vois me sourire une femme...
Tout mon passé s'est entr'ouvert.

Résonnait dans le bosquet vert
L'hymne des amours éternelles.
Tout mon passé s'est entr'ouvert...
O le ciel bleu de ses prunelles!

L'hymne des amours éternelles,
Tous les échos le redisaient...
O le ciel bleu de ses prunelles!
Nos cœurs amoureux se grisaient.

Tous les échos le redisaient,
Ce chant, apporté par la brise :
Nos cœurs amoureux se grisaient
Comme d'une liqueur exquise.

Ce chant apporté par la brise,
On eût dit un aveu troublant.
Comme d'une liqueur exquise
Nous sentions le baiser brûlant.

On eût dit un aveu troublant
Dans l'ombre fraîche des allées.
Nous sentions le baiser brûlant
De nos deux bouches accolées.

Dans l'ombre fraîche des allées
Le soleil se jouait gaîment.
De nos deux bouches accolées
Nous scellâmes notre serment.

Le soleil se jouait gaiment
Dans la nature enchanteresse.
Nous scellâmes notre serment :
Je me souviens, quelle tendresse !

PANTOUM.

Dans la nature enchanteresse
Les beaux jours me semblent enfuis.
Je me souviens, quelle tendresse ! —
J'ai rimé ce pantoum depuis.

Les beaux jours me semblent enfuis,
Comme oiselets sous la ramée...
J'ai rimé ce pantoum, depuis,
En l'honneur de ma bien-aimée.

Février 1879.

LES SANGLOTS DE L'AME

BALLADE DES PAUVRES RIMEURS

A THÉODORE DE BANVILLE

> Povres housseurs ont assez de peine.
> VILLON.

S'ils n'ont pas toujours de la joie,
Ceux qui vont sur les toits glissants,
Ceux dont la maigre échine ploie
Sous des sacs du poids de deux cents,
Ceux dont les chagrins sont récents,
Ceux qui déclament sur la scène,

Et ceux qui pleurent des absents, —
Pauvres rimeurs ont assez peine!

Car eux souffrent sans qu'on le voie,
Sans qu'on puisse les plaindre et sans
Que, sous le soleil qui flamboie,
Des cœurs leur soient compatissants;
En vain ils ont de ces accents
A faire pleurer une hyène...
Torturés ainsi, je le sens,
Pauvres rimeurs ont assez peine!

La Faim souvent en fait sa proie;
L'essaim des soucis croassants
Au-dessus de leurs fronts tournoie;
Ils vont, misérables passants,
Tristes, hâves et languissants,
Et le mal au tombeau les mène...
Hélas! à peine adolescents,
Pauvres rimeurs ont assez peine!

ENVOI

Maitre habile, aux vers caressants
Comme la voix d'une sirène,
Ceux-ci, trouve-les ravissants :
Pauvres rimeurs ont assez peine !

Février 1877.

LE RÊVE DU BOURREAU

A JULES ET LÉONIDE ALLARD

Laissant voir son col de taureau,
Las comme une bête de somme,
Ronflant avec bruit, le bourreau
Après déjeuner, fait son somme.

A travers les carreaux, pareil
A de la poussière d'or fine,
Un fauve rayon de soleil
Éclaire sa brune poitrine.

LE RÊVE DU BOURREAU.

Comme des papillons ailés,
Les soucis cruels, faisant trêve,
A l'instant se sont envolés
De son front radieux : il rêve...

Il est plus heureux maintenant
Que le Roi de France lui-même !
Ce n'est plus qu'un simple manant,
Qui laboure ses champs, qui sème,

Et, plus tard, moissonne son blé,
Qui contemple, le cœur en joie,
L'arbre sous le fruit accablé,
Dont chacune des branches ploie :

D'une lieue on voit sa maison,
Bâtie au flanc d'une colline :
Un orme à lourde frondaison
Sur son beau toit rouge s'incline ;

La vigne y croît au long des murs,
Et son clair feuillage où, sans nombre,
Pendent gaîment les raisins mûrs,
Sur la chaux découpe son ombre...

C'est le soir. Le soleil couchant
Fait au ciel des lueurs groseille :
La brise est molle en vous touchant ;
Dans l'ombreux vallon tout sommeille.

On entend, au loin, l'angélus. —
Assis sur un vieux banc de pierre,
Qu'étreignent le convolvulus,
Les vieilles mousses et le lierre,

Il admire, devant le seuil,
Sa petite fille qui joue,
Et — le bon père ! — plein d'orgueil,
L'appelle et la baise à la joue :

Puis, la prenant sur ses genoux,
Contre son sein comme il la presse !...
(Tout près, dans un buisson de houx,
Un oiseau chante avec ivresse.)

Sa Louisette ! il en est fou !
Son œil de caresses l'inonde ; —
L'enfant rit, ayant sur son cou
L'or de sa chevelure blonde.

Qu'elle est gentille ! il croit lui voir,
Dans son extase paternelle,
Sur la joue un reflet du soir,
Et du ciel bleu dans la prunelle...

Et penchée amoureusement
Sur eux, souriante, la mère
Achève ce groupe charmant...
— O désillusion amère!

Deux heures sonnent au beffroi :
Or sa femme, d'une voix telle,
Qu'il sursaute : « Réveille-toi,
Pour l'exécution, » dit-elle. —

Tout s'est enfui comme le vent !
Effaré, roulant des yeux bêtes,
Le bourreau, tel qu'auparavant,
Redevient le coupeur de têtes !

Février 1877.

BALLADE DES MINEURS

Sol lucet omnibus.

Là-bas, dans les grands bois ombreux
Que la rosée en pleurs inonde,
Où, sur un mode langoureux,
Le coucou chante à voix profonde,
Où la brise erre, vagabonde,
Loin de nos gaz empoisonneurs, —
Le soleil luit pour tout le monde...
Hormis pour nous autres mineurs!

Au bord des étangs froids et creux
Que suivent, se mirant dans l'onde,
Les jeunes couples amoureux;
Sur la place, où danse une ronde,

Ou, si loin que le regard sonde,
Dans les champs pleins de moissonneurs, —
Le soleil luit pour tout le monde...
Hormis pour nous autres mineurs !

Sur les larges chemins poudreux,
Sous les pommiers à cime ronde
Auxquels pend le fruit savoureux,
Dans les prés verts que l'eau féconde,
Ou même sur la mer, où gronde
Le tumulte des flots hurleurs, —
Le soleil luit pour tout le monde...
Hormis pour nous autres mineurs !

ENVOI

Frères, buvons ! la vigne blonde
Déjà mûrit, sur les hauteurs :
Le soleil luit pour tout le monde, —
Même pour nous autres mineurs !

1879.

SOUVENIR DE VOYAGE

A M. APOLLINAIRE BERTHELOT

I

Comme, au sortir de Suisse (hélas,
Sa connaissance m'est amère!),
La France nous ouvrait ses bras,
O vénérable et sainte mère!

Comme nous allions harassés,
Mon frère et moi, pleins de poussière,
Nos pieds meurtris, nos fronts baissés,
Lourds, vers la terre nourricière ;

Comme les sapins noirs songeaient,
Pareils à de funèbres voiles,
Dans les monts où leurs pieds plongeaient,
Regardant naître les étoiles :

Et comme la gorge entr'ouvrait
Sa gueule d'ombre colossale :
Une âpre bise y pénétrait,
La nuit descendait, glaciale.

Alors vous vintes à passer.
Arrêtant net votre voiture,
Vous nous fîtes tous deux placer
Auprès de vous — charité pure !

Ce n'est pas tout ; plus tard encor,
Dans son éclatante lumière,
Nous connûmes votre cœur d'or
Et votre âme hospitalière...

II

Oh ! soyez à jamais béni !
Que vos jours soient nombreux, notre hôte !
Et comme, au matin, votre côte,
Dorés d'un bonheur infini !

Que votre barque soit bercée
Sur une mer calme en tout temps !
Que votre nid d'oiseaux chantants
N'ait jamais sa branche cassée !

Que sous un bienfaisant soleil
Chacun de vos enfants grandisse,
Et que la santé resplendisse
Sur leurs faces au teint vermeil !

Que votre épouse souriante
Qui les voit jouer sur le seuil,
Ne connaisse jamais le deuil,
Jamais la misère effrayante !

Qu'on vous admire, vieux époux ;
Que vous soyez heureux, en somme,
Et dormiez votre dernier somme
Ensemble aux murmures du Doubs,

Sous l'herbe, à l'ombre profilée
De vos coteaux brillamment peints,
Au parfum âcre des sapins,
Dans la paix de quelque vallée !

III

Ami, ne quittez pas le sol
Regretté de votre contrée :
Qui sait, reprenant notre vol
D'une aile moins démesurée.

Si nous n'irons une autre fois
Nous abattre dans vos campagnes,
Suivre les sentiers de vos bois,
Humer l'air vif de vos montagnes ?

Tous les trois, quand le jour décroît,
Dites, quelle joie en nos âmes,
Si nous pouvions revoir l'endroit
Où, grâce à vous, nous rencontrâmes, —

Gracieuse au bord du chemin,
Sereine avec un bon sourire,
Aimable et nous tendant la main,
Sa voix douce comme une lyre ;

L'accueil bienveillant reflété
Dans ses jolis yeux de turquoise,
Et simple, — l'Hospitalité,
Cette charmante Franc-Comtoise !

Novembre 1878.

LA PROSTITUÉE

« Au bas d'une verte colline
Est la maison où je grandis.
Quand je songe à ce paradis,
(Sur ce trottoir où je chemine)
Mon cœur s'arrête, plein d'effroi :
Et, coulant comme des rivières,
Les larmes brûlent mes paupières...
— Beau blond, veux-tu monter chez moi?

« Quand nous étions toutes petites,
Nous allions dans les blés dorés

Cueillir les bleuets; dans les prés,
Nous couronner de marguerites :
Un rien nous mettait en émoi :
Un papillon aux belles ailes,
Le bruit des vertes demoiselles...
— Beau blond, veux-tu monter chez moi?

« Nous jouions dans les avenues,
Sous les vieux marronniers en fleur :
La rivière, au flot querelleur,
Réfléchissait nos jambes nues,
Et c'était grand plaisir, ma foi,
Quand le vent, rebroussant les saules,
Frôlait nos petites épaules...
— Beau blond, veux-tu monter chez moi?

« Plus tard, de fleurs des champs coiffées,
Aussitôt après la moisson,
Les cadences d'une chanson
Faisaient bondir nos pieds de fées,

Qu'eût baisés la bouche d'un roi!
Au vent, nos chevelures folles
Flottaient comme des banderoles...
— Beau blond, veux-tu monter chez moi?

« C'est un de ces soirs-là, que Pierre
Et moi, nous longions le grand bois :
Tous les deux nous étions sans voix;
Il me fit choir sur la bruyère...
Un pinson, qui demeurait coi,
Se mit à chanter dans les branches,
Nous berçant de ses notes franches...
— Beau blond, veux-tu monter chez moi?

« Huit jours après (qu'il s'en repente!)
A la Rose il se fiançait.
Depuis, j'ai mal tourné, Dieu sait!
Une fois qu'on est sur la pente,
Comme on va!.. c'est plus fort que soi.
Mon premier amour m'a tuée...

Pleure, pleure, prostituée!...

— Beau blond, veux-tu monter chez moi?

« L'hiver dernier, ma pauvre mère
Est morte de ce chagrin-là.
C'est ainsi qu'elle s'en alla,
Cédant à la souffrance amère.
Seule je suivais le convoi :
N'est-ce pas à déchirer l'âme?
Elle est au ciel, la sainte femme!...

— Beau blond, veux-tu monter chez moi?

1877.

DOLOR

Comme la joyeuse cigale
Qui vole, vole, cet été,
Sur la lyre — que rien n'égale! —
Pour fuir le souci j'ai chanté.

J'ai chanté les roses ouvertes,
Les plaines en fleurs, les frissons
Des ramures, les feuilles vertes,
Et les bois remplis de chansons!

J'ai chanté la haie où les mûres
Pendent, — régal du citadin, —
Poussiéreuses, rouges ou mûres,
D'où le lézard s'enfuit soudain...

J'ai chanté les claires fontaines,
En écoutant leurs douces voix,
Et la Muse aux lèvres hautaines,
Auprès, m'a souri bien des fois.

J'ai chanté les belles aurores,
Les rouges reflets des couchants,
Les blés mûrs, les brises sonores,
Et les brillantes fleurs des champs.

J'ai noté sur toutes les gammes
Le chant si pur du rossignol ;
J'ai dit les prunelles en flammes
Des jouvencelles au beau col ;

Puis, comme, lorsque vint l'automne,
La Vendange au rire divin
Dansait aux refrains qu'elle entonne,
J'ai chanté la pourpre du vin.

Et, sur les bords de la rivière
Nos baisers, nos folles amours,
Ma mie, et ta voix familière...
Hélas! je suis triste à toujours!

Ah! fou! j'ai cru, dans mon délire,
Étouffer le chagrin vainqueur,
Lorsque pour cordes à ma lyre,
J'avais les fibres de mon cœur!

Mais si je n'ai pas cette joie,
Poésie, ange meurtrier,
Que sur mon front pâle verdoie
Un rameau de ton cher laurier,

J'ai bien mérité qu'on me plaigne !
Pour m'être en holocauste offert
A la Gloire, — qui me dédaigne, —
Et pour avoir beaucoup souffert !

Décembre 1877.

A MES HOTES ET AMIS

M. ET Mme H. L.

I

Souvent, lorsque les rêves noirs
Heurtent mon front à grands coups d'ailes,
Je songe à vous, amis fidèles
Radieux comme les espoirs.

Je songe à vous, quand les tristesses
Gênantes m'assaillent le cœur,
Et votre souvenir vainqueur
Éloigne ces mornes hôtesses.

Alors je deviens moins chagrin,
Un peu de bonheur m'accompagne,
Quand je revois votre Bretagne,
Et la mer à la voix d'airain !

Quand je revois, malgré mes fièvres,
Rêvant aux jours qui ne sont plus,
Grimper au revers des talus
Les chevreaux et les maigres chèvres ;

Et, mâchant l'herbe du pré vert,
Brutus, le cheval au poil lisse,
Avec Georgette la génisse,
Nous regardant l'œil grand ouvert :

Auprès, sa nourrice, la vache
Brune et blanche comme son lait,
Aux dents d'ivoire — s'il vous plaît ! —
Agite sa queue en cravache ;

J'admire les petits poussins
Gardant la forme d'œuf encore,
Le coq superbe au chant sonore,
Et les trois chiens, sur des coussins ;

J'aperçois la chère fenêtre
De mon pavillon noir et blanc,
Qui porte une blessure au flanc, —
Comme « parrain Georges », son maître !

Je crois nous voir, lorsque les vents,
Racontant des choses funèbres,
Grognent, hurlent dans les ténèbres,
Et que sonnent les flots mouvants ;

Qu'alors en la maison tout tremble,
Qu'on n'ose parler ni bouger :
Je suis parmi vous à songer ;
Nous sommes tous encore ensemble :

Ici, lisant, c'est mon filleul,
Mon Paul à la mine prospère ;
Plus loin, — saluez ! — c'est le père,
Fumeur grave comme un aïeul !

Là, c'est la mère caressante,
Qui rêve en tenant dans ses bras
(Adorable et cher embarras !)
Une enfant déjà grandissante,

La petite Lise, oisillon
A la douce voix argentine,
Dont la joue est une églantine,
Dont le sourire est un rayon !

II

O les bienheureux que vous faites !
Ainsi que vous, mes chers amours,
Que je voudrais avoir toujours
L'esprit content et l'âme en fêtes !

Car mon sort, nuit, soir et matin,
Est de chevaucher l'hippogriffe,
Et je sens dans ma chair la griffe
De l'impitoyable Destin !

Mais un jour — j'en ai l'espérance ! —
Nous retrouvera réunis,
Je verrai mes labeurs bénis,
Et s'envoler toute souffrance !

Mêmes aurores flamboieront
A nos prunelles étonnées ;
Mêmes couchants ; des destinées
Joyeuses nous rassembleront.

Et si des horizons semblables
Ici-bas nous sont interdits :
Ce sera lors au paradis
Des amitiés inébranlables !

27 juillet 1879.

LES DIGITALES

A ALEXANDRE GEORGES

Les genêts d'or étaient en fleurs
Et les cerises étaient mûres ;
L'églantine aux frêles couleurs
Brillait dans les buissons de mûres ;
L'air était plein d'enchantements,
Et sous les brises matinales,
Secouant de purs diamants,
Se balançaient les digitales.

Les oiseaux étaient éveillés :
On les entendait par centaines,
Dans les taillis ensoleillés
Où les voix claires des fontaines
Mêlaient leurs babils continus ; —
Jeanne, à mon bras, par intervalles,
Cueillait entre ses doigts menus
Les clochettes des digitales.

Son chapeau de paille voilait
D'ombre son gracieux visage ;
Sa gorge était comme du lait ;
Et la toile de son corsage
Se soulevant d'un tendre émoi,
Malgré ses craintes virginales,
Nous nous sommes aimés, ma foi !
Parmi les hautes digitales.

... Ces jours étaient déjà lointains :
Dans le vallon, sur les collines,

LES DIGITALES.

Le gris hiver, soirs et matins,
Tamisait ses froides bruines;
Dans les bois, plus d'oiseaux chantants;
La neige volait en rafales...
Hélas! ce n'était plus le temps
Où fleurissaient les digitales!

Que de tristesses dans les cieux!...
Ma mie, aux caresses si franches,
Pour jamais a clos ses beaux yeux,
Doux et fleuris comme pervenches :
Il ne bat plus, ce cœur aimant...
Dieu! que ses lèvres étaient pâles!...
La mort m'a pris ce corps charmant,
Svelte ainsi que les digitales.

Depuis, que me font les beaux jours,
Les voix des sources bruissantes,
Et les prunelles de velours,
Et les paroles caressantes?

J'irai toujours désespéré,
Subissant les douleurs fatales...
Jusqu'au jour où, las, je boirai
Le suc mortel des digitales!

Février 1879.

LES PLAINTES DU PAGE

« O démence! j'aime la Reine!
Je l'aime! c'est plus fort que moi!
Partout sur ses pas je me traîne :
O fol! je suis jaloux du Roi!

« Pourquoi me repousserait-elle?
Si son époux est couronné,
Ma jeunesse est encor plus belle :
Mes seize ans à peine ont sonné.

« Mais je blêmis et m'étiole :
Bluet d'une étoile amoureux,
Je vois s'effeuiller ma corolle...
Mon Dieu! que je suis malheureux!

« Oh! recueillir d'elle un sourire,
Un tendre regard, un baiser!
Cette soif d'amour dont j'expire,
Sur sa bouche en feu l'apaiser!

« Sentir sa gorge bondissante
Haleter contre mon sein nu ;
Voir sa prunelle languissante
Se remplir d'un charme inconnu!...

« Sinon, lâche amour qui me troues
Le cœur — mal pourtant adoré —
J'irai me jeter sous les roues
De son beau carrosse doré! »

Janvier 1879.

POUR UNE AUX BEAUX YEUX

Maintenant vous savez le secret de mon âme,
J'ai prononcé, tremblant, le mot délicieux :
Vous avez détourné de moi vos si beaux yeux, —
Votre regard tranchant et froid comme une lame.

Je suis comme le cerf blessé d'amour qui brame,
Errant dans la forêt sonore, sous les cieux
Criblés d'astres brillants aux pleurs silencieux ;
— Vous voyez que je souffre, et vous riez, Madame !

Maint poëte déjà vous l'aura dit : l'azur
De vos yeux est pareil au saphir le plus pur,
Et quand vous relevez, lentement, vos paupières,

On croit voir flamboyer tous les feux d'un écrin...
— Oui, ce sont des saphirs, et c'est là mon chagrin :
Vos yeux n'ont que la flamme imbécile des pierres !

Janvier 1879.

A CELLE QUI N'AIME PAS

Vous avez des yeux noir d'enfer,
L'air altier d'une châtelaine,
Le nez un peu grand, droit et fier,
Un front poli de porcelaine ;

Vous avez des cheveux si longs,
Que, dénoués, ils ne font halte
Qu'à la courbe de vos talons :
Sur de la nacre du basalte ;

Fine et d'un gracieux contour,
Fraîche du sang pur qui l'arrose,
Votre oreille, où passe le jour,
Est comme un coquillage rose;

On voit onduler votre flanc
Ainsi qu'un fleuve d'Amérique;
Votre beau col est rond et blanc
Comme une colonne dorique;

Fendue en arc, d'un sang vermeil,
Votre bouche, que le vent baise,
Brille de même qu'au soleil
La pulpe rouge d'une fraise;

Vous avez le pied d'un enfant,
La voix claire d'une sirène,
Et c'est en vain qu'on se défend
D'admirer votre main de reine;

A CELLE QUI N'AIME PAS.

Votre gorge, dans le corset
Qui la gêne mal contenue,
Fait naître follement, Dieu sait!
La volupté de la chair nue;

Rien que pour toucher votre peau,
Blanche et d'une finesse rare,
Hoche eût livré notre drapeau!
Homère eût donné sa cithare!

Vous damneriez, si l'on m'en croit,
Le moine saint penché sur l'orgue...
— Mais, ô femme! ton cœur est froid
Comme les dalles de la Morgue!

Juin 1877.

LES SENTIERS

A DOMINIQUE COLOMBEL

I

Ils s'enfoncent discrètement
Dans le fouillis vert du feuillage.
Le matin, c'est un babillage
Indescriptible, mais charmant.

Or, le vent à chaque risée
Y semant des grains de cristal,
On entend le concert vocal
Tout en marchant dans la rosée.

A midi, je ne sais pourquoi :
Un calme ! on y pourrait entendre
Battre d'amour un cœur trop tendre,
L'orchestre entier demeure coi.

Pourtant au bout de quelques heures,
C'est à qui chantera le plus :
Jusqu'aux petits qui font chorus,
En s'agitant dans leurs demeures.

Je distingue un chant qui me plaît
Entre tous : le loriot perle
Ses gammes d'or ; bientôt le merle
Va souffler dans son flageolet.

Le soleil couchant les éclaire.
Puis, c'est le rossignol versant
L'harmonie à flots, quand descend,
Le soir, l'aube crépusculaire...

II

Nous vous aimons, petits sentiers :
Vous rendez nos âmes sereines,
Comme si, connaissant nos peines,
Vous aviez pour nous des pitiés ;

Vous enchantez la rêverie
Du poëte qui va rimant :
Vous lui parlez, et doucement
Lui soufflez quelque ode fleurie ;

Auprès des belles empressés,
Vous avez de la fine mousse,
Comme un tapis de laine douce,
A mettre sous leurs pieds lassés ;

Avril de pâquerettes blanches
Vous fleurit, et, de leurs arceaux,
Les arbres vous font des berceaux,
En mariant leurs vertes branches.

Vous faites signe aux amoureux :
« Hé! Psst! j'ai des places exquises
Où l'on peut aimer sans surprises :
Prenez donc les sentiers ombreux! »

Enlacés, émus de tendresse,
Ils vous suivent, enamourés...
Oh! combien s'y sont égarés,
Tout palpitants sous la caresse!

Hélas! il n'est pas un détour
Qui ne nous dise les aimées
Qui dans nos bras s'y sont pâmées,
En sanglotant des mots d'amour!

Bouches de feu... regards de flammes...
— Sentiers, sentiers délicieux !
Dans vos détours capricieux,
Dieu sait ce qu'il s'est perdu d'âmes !

III

... Souvent, lorsque je sens venir
En moi la tristesse fatale,
Morne, je colle mon front pâle
A la vitre du souvenir :

Alors, ô mes douces compagnes !
Distinctement je nous revois
Suivre les sentiers d'autrefois,
Aux roides penchants des montagnes ;

J'écoute chanter les oiseaux ;
Je cueille avec vous des brimbelles ;

Comme autrefois vous êtes belles,
Et nous franchissons les ruisseaux...

Ainsi de longs instants je rêve,
En revivant notre passé,
Et mon cœur, tout bouleversé,
Douloureusement se soulève.

Et je pleure comme un enfant.
Les regrets m'arrivent en foule;
Le chagrin, goutte à goutte, coule
Dans ce cœur meurtri qui se fend;

Et je songe, mélancolique,
A nos beaux jours évanouis,
Tandis que mes yeux éblouis
Contemplent mon rêve idyllique...

IV

— O vierges folles qui courez
Par nos chers sentiers, ayez crainte
D'y folâtrer : la terre est sainte
Où nos amours sont enterrés !

Ah ! sitôt que rougit la mûre,
Sitôt que gazouille le nid,
Dans le feuillage rajeuni
Sitôt que la brise murmure :

Gardez-vous bien d'effaroucher,
Dans l'air où vos rires se mêlent,
Les âmes qui tout bas s'appellent, —
Et semblent toujours s'y chercher !

Septembre 1878.

SUPPLICATIONS

Adieu, chansons et brises douces !
Déjà tombent les feuilles rousses ;
Déjà, mon cœur, tu te repais
De souvenirs : triste, je songe
A deux yeux où mon regard plonge...
— Ah ! laissez-moi rêver en paix !...

L'été s'enfuit : tes froides flammes
Ne peuvent réchauffer nos âmes,

Soleil pâle; — tu nous trompais!...
Mourir!... sans le baiser suprême,
O Dieu! quitter Celle que j'aime!...
— Ah! laissez-moi pleurer en paix!...

Quand la mort — dernière espérance —
Aura terminé ma souffrance
Dans la nuit du cercueil épais,
Vous qui profanerez ma tombe,
Faites que pas un bruit n'y tombe :
— Ah! laissez-moi dormir en paix!...

Octobre 1878.

A MON FRÈRE ÉMILE NARDIN

PEINTRE

I

Ainsi te voilà donc entré
Dans ton rêve d'artiste, frère.
Voici l'avenir désiré :
Il a fui, le destin contraire.

Tu peux donc, les cheveux au vent,
Te promener sur le rivage,
A quelque grand tableau rêvant
En écoutant la mer sauvage.

Tu peux, lorsque le temps est pur,
Réaliser enfin ton rêve
De copier les flots d'azur
Dont l'écume argente la grève.

— La grève ! je la vois encor
La grève large, unie et blonde,
Où le bruit fin du sable d'or
Se mêle à la chanson de l'onde. —

Tandis qu'esclave dans Paris,
Moi je m'en irai par les rues,
Misérable songeur épris
Toujours de mes coquecigrues,

Toi, l'œil constamment en éveil,
Tu peindras la pourpre des voiles,
Et les vagues où le soleil
Fait danser des milliers d'étoiles ;

A MON FRÈRE ÉMILE NARDIN.

Tu fixeras par ta couleur
Les riantes et vertes îles,
Les dunes, les rochers « en fleur »,
Les troupeaux qui paissent, tranquilles;

Tu rendras le ton brun du champ,
Et, le trouvant sur ta palette,
Le rayon de feu du couchant,
Qui teint la mer et s'y reflète.

Tu feras des sujets de tout,
La joie emplissant tes prunelles :
Tu peindras les menhirs debout,
Ces druidiques sentinelles.

Les moulins pointus haut perchés,
Où les vents sonnent leurs fanfares,
Les bourgs bretons et leurs clochers
Anciens qui rappellent des phares;

Les rapides bateaux pêcheurs,
Les lougres et les goëlettes,
Et les sloops, habiles marcheurs
Fatiguant l'essor des mouettes. —

Tes yeux suivent le goëland,
Quand l'Océan monte ses gammes,
A larges coups d'aile volant
Dans le sillon des hautes lames ;

Poursuivi de projets sans fin,
Tu foules, en tes rêveries,
Le long d'ajoncs brodés d'or fin,
Les sentiers des landes fleuries...

— Là-bas, dans le chemin pierreux
(Fol essaim de mouettes blanches),
De jeunes filles, l'air heureux,
Passent en coiffe des dimanches.

II

Frère, écoute... c'est le biniou !
N'entends-tu pas?... c'est la bombarde !
Le sol s'ébranle ; et les « iou !.. iou !.. »
Réjouissent le cœur du barde.

Hardi ! fillettes et marins !
Frappez du pied l'herbe en cadence !
— Près d'un bouquet de romarins
Tourne la chaîne de la danse. —

... Puis on a rentré les moissons,
Voici l'éternelle bataille :
Plus de danses ni de chansons ;
C'est la Tempête qui travaille !

Saison d'angoisses et de deuils !
Combien partiront (pauvres femmes !)
Qui ne passeront plus les seuils
D'où leur rit le foyer en flammes !...

— La nuit, alors que sur les flots
La lueur des phares s'allonge,
La mer avec tous ses sanglots,
Tu l'entendras comme en un songe :

Sans oser ni pouvoir dormir,
En écoutant par intervalles
Ta girouette en fer gémir
Et s'affoler sous les rafales...

— Mais en attendant, radieux,
Pour longtemps encor l'été brille ;
Les flots chantent, mélodieux,
Et. la mer étant bonne fille,

A MON FRÈRE ÉMILE NARDIN.

A l'heure où perle le gazon,
Dans le brouillard qu'elle déchire,
Regarde au large, à l'horizon,
Monter l'Aurore au beau sourire!

III

O peintres, certes, vous pouvez
Représenter dans vos marines
Les flots moutonnants, soulevés
Ainsi que de vastes poitrines;

Vous pouvez nous montrer vermeils
Les couchants, et la mer sereine
Ceinte d'un bandeau de soleils,
En manteau bleu, comme une reine;

Vous pouvez nous peindre les cieux
Clairs, ou voilés de noirs nuages,
Et les marins audacieux,
Et les mâts tordus aux orages;

Vous pouvez tout nous faire voir,
Peintres, en vos toiles muettes :
Mais votre art n'étant qu'un miroir,
Le reste est l'œuvre des poëtes.

Car, je le sens, c'est aux chanteurs
A rendre tes accents farouches,
O Mer ! quand les Vents destructeurs
Soufflent la mort à pleines bouches !

C'est aux chanteurs, à fortiori,
Quand tu n'es point tempêtueuse,
De prendre ta voix de houri
Caressante et voluptueuse :

C'est aux rêveurs qu'il est donné
De pénétrer tes vagues closes,
Puisqu'en eux — eux seuls ! — est inné
L'intime sentiment des choses.

A MON FRÈRE ÉMILE NARDIN.

— O Mer! je l'aurai, ton secret!
Je parlerai ta langue rude, —
Ou douce, — en son étrange attrait,
En tes rumeurs de multitude!

Oui! dusses-tu, pour te venger,
Un jour de tempête et de brume,
Prendre mon corps, le naufrager,
Et le rouler dans ton écume!

20 juillet 1879.

A MA PETITE AMIE PAULINE **

Enfant dont le regard m'enchante,
Tu le veux, il faut que je chante
Sur ma flûte : ré, mi, fa, sol :
Aurai-je assez la voix câline,
Et n'est-ce pas donner, Pauline,
Une chanson au rossignol ?

Il faut quitter le ton morose,
Et pourtant le ciel nous arrose

A MA PETITE AMIE PAULINE ***.

Ainsi que l'arche, au temps ancien :
Malgré l'espoir dont je me leurre,
Faut-il chanter, soudain je pleure...
Ah ! quel mauvais musicien !

C'est février, l'air nous enrhume ;
Au lieu du bel azur, la brume ;
Comment peindre d'une couleur
Fraîche et riante toute chose :
L'églantine n'est pas éclose...
Il est vrai, j'ai ta lèvre en fleur...

Comment prendre l'humeur joyeuse :
On ne voit la face rieuse
De l'astre qui fait tout vermeil : —
Être suave ?... Tu protestes
Avec la douceur de tes gestes
Et ton sourire de soleil...

Mais, tu le vois, je n'ai la grâce
Ni de Tibulle ni d'Horace.

Allons ! mes vers ne valent rien.
Et toutefois je te les donne :
Ta bouche, enfant, est tant mignonne...
Et puis... tu les diras si bien !

Rimé à Paris, sous la pluie, le 11 février 1880.

TRAGÉDIE MARINE

A MAURICE MONTÉGUT

I

C'est un jour de ciel pur. Le manteau bleu des flots
Ondule doucement, caressé par la brise ;
La mer chante, argentant le bord des verts îlots,
Et, tel un cœur aimant que la volupté brise,
    Elle a de suaves sanglots.

Un vol de goëlands et de blanches mouettes
S'échappe dans l'azur, — comme un livre effeuillé ;

Les hauts rochers du cap, sentinelles muettes,
Dédaigneux du ressac dont leur flanc est fouillé,
  Dressent leurs mornes silhouettes.

Des bateaux de pêcheurs, tout luisants au soleil,
Tranchent la vague molle, et de leur aile rouge
Coupant l'air diaphane à l'onde, au ciel pareil,
Devant les yeux charmés cette pourpre qui bouge
  Fuit avec un éclair vermeil.

Au large un steamer passe, exhalant sa fumée,
Panache qui salit la pureté de l'air ;
Plus près, s'avance un brick : sa voilure, animée
Au souffle du vent d'est, brille dans le jour clair
  Et semble d'écume tramée.

Et c'est l'heure bénie où l'on se sent dispos :
C'est le riant matin ; la nature s'égaie ;
On respire l'embrun de mer ; les noirs troupeaux
Paissent l'herbe et les joncs clairsemés ; — dans la baie,
  Les navires sont au repos.

II

Sur la grève dorée, unie et bruissante,
Ses cheveux à la brise, et jeune apparemment,
Une femme à l'air grave, au front d'adolescente,
Va lente et désolée, en proie au noir tourment,
    Et dit d'une voix gémissante :

— « O Mer ! depuis longtemps mon pauvre bien-aimé
Dort couché dans le vert linceul de tes eaux froides,
Bouche béante, front sanglant, inanimé,
Serrant l'algue et le sable encore en ses mains roides,
    Et l'œil à jamais non fermé !

« Son fier regard ! pareil à l'acier neuf des dagues,
Il jetait des lueurs ! mais le voilà terni :
Mon époux, frissonnant au lèchement des vagues,
Alors que je l'appelle, explorant l'infini,
    Fixe vers moi ses grands yeux vagues !

« O Mer ! réchauffe un peu mon Charles adoré !
Vois comme il est glacé ! vois sa face livide !
Comme son corps est maigre, et son bras déchiré !
Car, terrible Océan, de victimes avide,
      C'est ici près qu'il a sombré.

« Ah ! lorsque vent arrière et s'enflant toutes voiles,
Il voguait, son beau brick, dans le remous chantant,
Sur l'onde où le soleil s'éparpille en étoiles,
Lui qui le commandait, jeune, hardi, content,
      Tressaillait d'aise jusqu'aux moelles !

« Et nous nous aimions bien. Enfants insoucieux,
Dans la lande fleurie, oh ! que de courses folles !
Et lui, quand revenaient les déchirants adieux,
De ses baisers, avec les plus douces paroles,
      Il buvait les pleurs de mes yeux !...

« O Mer ! tu peux gémir et soulever tes ondes !
Tu peux te lamenter durant les noires nuits !

C'est en vain que, farouche et sauvage, tu grondes :
Moins cruels que les miens, ô Mer, sont tes ennuis,
    Et tes douleurs sont moins profondes !

« Je..... »

— Tout à coup, traîtresse, une lame de fond
S'est ruée, en grondant, sur la veuve éplorée,
Avec le bruit sinistre et mat que les eaux font :
Son époux l'attendait, joyeux... mais la marée
    L'a ravie au gouffre profond.

— Souffle, à présent, Tempête ! épouvante et ravage !
Ouragan furieux, fais ton œuvre, démon !
Déchaîne d'un seul coup les vents en esclavage !
Un corps vêtu de deuil, couvert de goëmon,
    Est là gisant sur le rivage.

III

Dieu ! que le ciel est noir ! les plis sombres des flots
Se déroulent ainsi que des serpents funèbres ;
L'écume jaillissante a couvert les ilots ;
Le jour finit ; partout descendent les ténèbres ;
    La mer pousse d'affreux sanglots !

Dans le tourbillon des violentes rafales,
Sur l'Océan surgit le chœur des Naufragés,
Ruisselants, leurs cheveux collés sur leurs fronts pâles...
— Et j'entends des soupirs lents et découragés,
    Des bruits de flots, des cris, des râles...

1879.

A MA MÈRE

Mère, je te parle à genoux.
Inspire-moi des mots si doux,
Que j'en sois tout fier et tout aise !
Sur ton cœur, oh ! viens me presser !
Ton cou, je veux le caresser ;
Donne ton front, que je le baise !

Regarde-moi de tes beaux yeux ;
Ainsi de près, n'est-on pas mieux ?

Que nous fait le reste du monde !
En vain tu feins de l'oublier,
Je t'aime ! Dans ton tablier
Laisse dormir ma tête blonde.

Chère mère, je te dois tant !
Tu t'en souviens, tout tremblotant,
Tout chétif, tout pâle et tout frêle,
Tu pleurais de me voir souffrir :
Mainte fois j'eusse dû mourir,
Sans le chaud abri de ton aile !

O toi, qui passas tant de nuits
Blanches, enduras tant d'ennuis,
M'aimas avec tant de constance !
Mère adorée, être idéal,
Ah ! pardonne-moi tout le mal
Que t'a donné mon existence !

Pardonne-moi ta pauvreté,
Tout l'argent que je t'ai coûté,

A MA MÈRE.

Mon humeur farouche et maussade,
Et tes soins longtemps superflus :
Je te l'assure, jamais plus
Désormais ne serai malade !

Que j'entende comme autrefois
L'accent maternel de ta voix
Proférer, comme une caresse,
De ces diminutifs charmants
Qu'ont les mères et les amants,
Vrai délire de la tendresse !

Ma mère ! O toi, qui m'as nourri
De ton lait, à qui j'ai souri
Tout de suite, vaillante femme !
Si l'avenir n'est point trompeur,
J'adoucirai ton dur labeur :
Pour l'instant, je n'ai que mon âme !

Ah ! que ne suis-je triomphant !
Si tu pouvais voir ton enfant

Glorifié comme un poëte,
J'oublierais tous les jours mauvais,
Et l'âpre chemin où je vais,
Et ce serait souvent ta fête !

Que cette gloire dont j'ai faim
Vienne et me rassasie enfin,
C'est à toi surtout que je pense :
De la joie en tes yeux contents,
Souris-moi, mère : — et vis longtemps !
Je ne veux d'autre récompense.

Mars 1880.

ANNIVERSAIRE

Comme un blanc suaire aux hideux soulèvements,
Sur la plaine s'étend la neige mate et sourde.
Là, dorment entassés nos soldats véhéments...
Elle tombe ; de plus en plus épaisse — et lourde.

Le combat fut horrible, acharné, décisif.
Les braves à chevrons pour une fois tremblèrent ;
Et fouillant tout le jour de leur bec incisif,
Les corbeaux, vers le soir, pesamment s'envolèrent.

Que de beaux jeunes gens se sont étendus là,
Tout frémissants d'amour pour la sainte Patrie !
Tant furent écrasés et tant de sang coula,
Que l'an d'après, la plaine en fut toute fleurie.

... Voilà déjà neuf ans que vous dormez, ô morts !
Couchés dans votre sang, sous la terre nourrice...
J'étais trop jeune; aussi j'en ai comme un remords,
J'aurais voulu ma part dans le grand sacrifice !

Hélas ! je ne puis rien, que, telles que des fleurs
Mortuaires, tresser pieusement des stances,
En souvenir de vous, de vos sombres douleurs,
Magnifiques héros des vaines résistances !

Et puis je vais songeur... Mais tout en cheminant,
Dans mon cerveau soudain s'est faite la nuit noire;
Comme un frisson glacé me saisit maintenant :
Et tristement j'écoute, au fond de ma mémoire,

Planer le vol funèbre et les croassements
Des corbeaux affamés, bruire leurs morsures,
Se plaindre le concert des longs gémissements,
Et tout bas sangloter les bouches des blessures..

2 decembre 1872.

DÉCOURAGEMENT

A LÉON VALADE

J'avais rêvé l'amour dans un cœur virginal :
Nous nous serions aimés rien que toute la vie !
Alors que j'y songeai, mon âme en fut ravie :
Naïf ! j'étais épris follement d'idéal.

Puis j'aperçus la Gloire en son char triomphal :
Superbe, elle passait ; et moi je l'ai suivie.
Aussitôt je voulus (c'était ma seule envie)
L'ombrage pour mon front du vert laurier — fatal.

DÉCOURAGEMENT.

A poursuivre l'amour et la gloire sans cesse,
J'ai dépensé beaucoup d'ardeur et de jeunesse
Et perdu tous les biens de la réalité.

Chanaan m'attirait. Mais pareil à Moïse,
Au sommet du Nébo je me suis arrêté...
Et je n'entrerai pas dans la Terre promise!

Février 1880.

A UN DÉSESPÉRÉ

Decet... stantem mori.

Mon frère, je nous plains. Nous avons souffert comme
Les terrestres damnés le peuvent ici-bas ;
Nous sommes bien vaincus, après tant de combats !
Il serait doux enfin de dormir notre somme.

Chargés de maux ainsi que des bêtes de somme,
Quand, dans la vie, encor nous voulons faire un pas :
Nos genoux sont rompus, nous ne le pouvons pas..
Mais sous notre sein gauche il palpite un cœur d'homme !

A UN DÉSESPÉRÉ.

Notre chair crie en vain, et nos fronts attristés
En vain penchent, mon frère : ah ! point de lâchetés !
Ayons jusques au bout l'héroïsme de vivre.

Goutte à goutte, saignons la fin de notre sang.
Et quand l'Ange viendra — celui qui nous délivre —
Qu'il nous trouve debout, notre blessure au flanc !

Février 1880.

AUX DEUX INSPIRATRICES

Bretagne au bord des flots, libre Franche-Comté,
C'est votre double amour surtout que j'ai chanté !

Donc à vous deux merci, belles inspiratrices,
Paysages de mes strophes évocatrices !

Ajoncs d'or, genêts d'or ! mousses et goémons !
Landes en fleurs ! bruit clair des sources dans les monts !

Apaisement au fond des ombreuses vallées,
Dolmens silencieux, nuits fraîches étoilées ;

AUX DEUX INSPIRATRICES.

Sonores froissements des feuillages frileux,
Montagnes d'azur tout au loin, étangs, flots bleus!

Espaces, liberté! maisons hospitalières!
Cœurs purs comme votre air et l'eau de vos rivières! —

Vous qui trouvez toujours en mon âme un écho,
Berceaux du doux Brizeux, du grand Victor Hugo,

Je veux tresser pour vous d'harmonieux distiques,
Accouplés deux à deux comme les bœufs rustiques

Et je leur passe au col, ouvrier diligent,
Les rimes aux beaux sons, ces sonnailles d'argent.

Sœurs qui m'avez charmé, telles que deux sirènes
Qui voguent sur la mer, splendides et sereines,

Qu'on vous voie en cette ode, ainsi qu'en un chemin
Deux belles vierges vont se tenant par la main!

Vous qui faites partout l'ornement de mes rêves :
Rochers, coteaux boisés, sentiers, plaines et grèves !

O rivages, forêts, ciels de mes chers pays,
Apparaissez encore à mes yeux éblouis !

Car votre souvenir seul berce ma souffrance,
Franche-Comté, Bretagne ! — ô filles de ma France !

10 août 1879.

TABLE

Prémices a la Muse. 3

LES HORIZONS BLEUS.

Les Horizons bleus. 11
Les Sirènes. 16
Portrait. 19
L'Enfant mort. 21
Les Poëtes. 23
Le Voyage. 25
Mai. 32
La Mer. 35
Aspiration. 37
Le Réveil. 39
Lucette. 43
A un Aigle. 45
Sonnet printanier. 47
A André Lemoyne. 49
A Elle. 52
Les Montagnes. 54

Sagesse au printemps	56
Castus flos	58
A Jean Aicard	61

LYRES ET ÉPINETTES.

Invitation à l'amour	67
Ballade de Banville, le meilleur de tous les chanteurs	69
Chanson d'Avril	71
Fantaisie sur une chanson bretonne	74
Les Brimbelles	78
A une Cousine franc-comtoise qui me demandait des vers	82
La Chanson du Kirsch de Fougerolles	86
Yamina	91
Le Chant des Bijoutiers	96
Ballade pour célébrer le Rire de ma bien-aimée	100
Chanson d'Automne	102
La Rose	106
La Belle Yseult	108
La Neige	111
La Grêle	113
Chanson d'Hiver	115
Les roses sont en boutons...	117
Barcarolle	119
Pastourelle	123
Les Pêcheurs, *poème symphonique.*	
I. Le Départ.	
II. Le Chant des Matelots.	
III. La Tempête.	
IV. Prières.	
V. Fin de la Tempête.	
VI. Actions de grâces.	
VII. Réjouissances au Port.	
VIII. Tableau	127

RÊVES ENVOLÉS.

Le Sentier dans la Montagne	149
Souvenir	151
La Perle rouge	156
Amour	159
Les Noisettes	163
Sous Bois	166
Rondel	168
Pantoum	170

LES SANGLOTS DE L'AME.

Ballade des pauvres Rimeurs	177
Le Rêve du Bourreau	180
Ballade des Mineurs	185
Souvenir de Voyage	187
La Prostituée	193
Dolor	197
A mes Hôtes et Amis, M. et Mme H. L.	201
Les Digitales	207
Les Plaintes du Page	211
Pour Une aux beaux yeux	213
A Celle qui n'aime pas	215
Les Sentiers	218
Supplications	225
A mon frère Émile Nardin, peintre	227
A ma petite amie Pauline ***	236
Tragédie marine	239
A ma Mère	245

Anniversaire	249
Découragement	252
A un Désespéré	254
Aux deux Inspiratrices	256

FIN DE LA TABLE.

Paris. — Imp. E. CAPIOMONT et V. RENAULT, rue des Poitevins, 6.

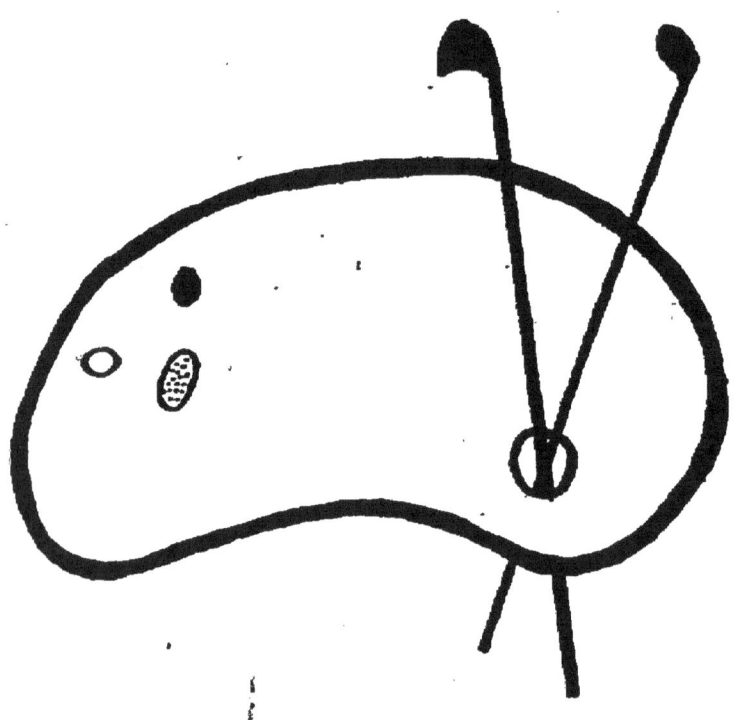

ORIGINAL EN COULEUR
NF Z 43-120-8

www.ingramcontent.com/pod-product-compliance
Lightning Source LLC
Chambersburg PA
CBHW050317170426
43200CB00009BA/1359